"通古察今"系列丛书

汉代神意史观研究

汪高鑫 著

河南人民出版社

图书在版编目(CIP)数据

汉代神意史观研究 / 汪高鑫著. — 郑州：河南人民出版社，2019.12(2025.3重印)

("通古察今"系列丛书)

ISBN 978-7-215-12010-5

Ⅰ. ①汉… Ⅱ. ①汪… Ⅲ. ①古代哲学-研究-中国-汉代 Ⅳ. ①B234.05

中国版本图书馆 CIP 数据核字(2019)第 271355 号

河南人民出版社 出版发行

(地址：郑州市郑东新区祥盛街 27 号 邮政编码：450016 电话：0371-65788075)

新华书店经销　　环球东方(北京)印务有限公司印刷

开本　787mm×1092mm　　1/32　　印张　4.625

字数　64 千

2019 年 12 月第 1 版　　　　　　2025 年 3 月第 2 次印刷

定价：48.00 元

"通古察今"系列丛书编辑委员会

顾　问　刘家和　瞿林东　郑师渠　晁福林
主　任　杨共乐
副主任　李　帆
委　员（按姓氏拼音排序）
　　　　　安　然　陈　涛　董立河　杜水生　郭家宏
　　　　　侯树栋　黄国辉　姜海军　李　渊　刘林海
　　　　　罗新慧　毛瑞方　宁　欣　庞冠群　吴　琼
　　　　　张　皓　张建华　张　升　张　越　赵　贞
　　　　　郑　林　周文玖

序　言

在北京师范大学的百余年发展历程中，历史学科始终占有重要地位。经过几代人的不懈努力，今天的北京师范大学历史学院业已成为史学研究的重要基地，是国家首批博士学位一级学科授予权单位，拥有国家重点学科、博士后流动站、教育部人文社会科学重点研究基地等一系列学术平台，综合实力居全国高校历史学科前列。目前被列入国家一流大学一流学科建设行列，正在向世界一流学科迈进。在教学方面，历史学院的课程改革、教材编纂、教书育人，都取得了显著的成绩，曾荣获国家教学改革成果一等奖。在科学研究方面，同样取得了令人瞩目的成就，在出版了由白寿彝教授任总主编、被学术界誉为"20世纪中国史学的压轴之作"的多卷本《中国通史》后，一批底蕴深厚、质量高超的学术论著相继问世，如八卷本《中国文化发展史》、二十卷本"中国古代社会和政治研究丛书"、三卷本《清代理学史》、五卷本《历史文化认同与中国统一多民族国家》、二十三卷本《陈垣全集》，以及《历史视野下的中华民族精神》《中西古代历史、史学与理论比较研究》《上博简〈诗论〉研究》等，这些著作皆声誉卓著，在学界产生较大影响，得到同行普遍好评。

除上述著作外，历史学院的教师们潜心学术，以探索精神攻关，又陆续取得了众多具有原创性的成果，在历史学各分支学科的研究上连创佳绩，始终处在学科前沿。为了集中展示历史学院的这些探索性成果，我们组织编写了这套"通古察今"系列丛书。丛书所收著作多以问题为导向，集中解决古今中外历史上值得关注的重要学术问题，篇幅虽小，然问题意识明显，学术视野尤为开阔。希冀它的出版，在促进北京师范大学历史学科更好发展的同时，为学术界乃至全社会贡献一批真正立得住的学术佳作。

当然，作为探索性的系列丛书，不成熟乃至疏漏之处在所难免，还望学界同人不吝赐教。

北京师范大学历史学院
北京师范大学史学理论与史学史研究中心
北京师范大学"通古察今"系列丛书编辑委员会
2019 年 1 月

目 录

前 言 \ 1

第一章　董仲舒的天人感应论 \ 4

一、天人感应论的思想渊源 \ 4

二、天人感应论的基本内涵 \ 8

三、天人感应论的精神实质 \ 18

第二章　司马迁人事与天命二重性天人观 \ 28

一、司马迁的重人事思想 \ 29

二、司马迁的天命王权思想 \ 36

第三章　刘向的灾异论及其与刘歆灾异论之异趣 \ 48

一、反对外戚势力：刘向灾异论的重要旨趣 \ 49

二、捍卫刘氏正统：刘向灾异论的根本旨趣 \ 57

三、刘向、刘歆灾异论之异趣 \ 66

第四章　王充对天人感应论的批判 \ 71
一、天无意志，天道自然 \ 72

二、君王兴于时命，圣而不神 \ 76

三、灾异为阴阳所致，而非天神谴告 \ 80

四、批判思想的局限性 \ 84

第五章　班固史学思想的神意化倾向 \ 89
一、对刘歆"汉为尧后"说的汲取与改造 \ 90

二、对董仲舒天人感应论的继承与发扬 \ 100

第六章　何休的人事与灾异之"二类"说 \ 110
一、"二类"说的理论渊源和时代因素 \ 111

二、"二类"说的思想内涵 \ 117

三、"二类"说内蕴的积极因素 \ 127

参考书目 \ 133

前　言

　　重视探讨天人关系，是汉代社会的重要特点。从汉武帝"垂问乎天人之际"，到董仲舒《天人三策》，再到司马迁"究天人之际"，汉代学者普遍关注于天人问题；而天人关系的本质，即是历史决定论问题，探究天人关系，就是要探究天与人对于历史发展的决定作用，以及在决定历史作用过程中天与人之间的关系。董仲舒在前人天人观念的基础上，系统建构了天人感应论，这一学说肯定天有意志、天命王权、天人感应、天人谴告，是一种天命理论。同时这一学说"屈民而伸君，屈君而伸天"，而天以安乐民众为志趣，故其本质是"言天道而归于人道"，属于神道设教。董仲舒的天人感应论对于此后汉代的天人观念有着重要的影响。

汉代史学家以司马迁、班固为代表，重视探讨天人关系，他们的史学在一定程度上宣扬了天命王权史观。司马迁以"究天人之际"为撰史旨趣之一。《史记》以纪传体记述历史，这种以人物传记为中心的史书体裁的运用，本身就是重人事思想的一种体现；《史记》对历史发展大势和具体历史人物与事件的叙述，强调"人为"的作用。然而《史记》又宣扬"圣人感生"的天命王权思想，它的"同祖黄帝"说是一种报德说，依然还是天命论。班固受古文经学家刘歆的影响，在《汉书》中大力宣扬"汉为尧后"说，肯定圣王尧的后代刘邦建汉的合理、合法性，无疑是一种天命史观。《汉书》还借助于董仲舒、刘向、刘歆等人的天人思想，对天人感应论进行了宣扬。

汉代经学家也普遍重视探讨天人关系。今文经学家刘向面对西汉末年衰败政治，大力宣扬神秘的灾异论，通过言灾异来反对外戚专权，维护刘汉正统；与其父刘向不同，古文经学家刘歆也讲灾异，却没有明显的反对外戚的思想意蕴，没有强烈的维护刘汉正统的意识，他对于灾异的解说甚至不具有浓厚的政治色彩。东汉末年今文经学家何休归纳《春秋》灾异义例为"人事与灾异"之"二类"说，彰显了言灾异不离人事的特点。何休重视对灾异的理论分辨，既重灾，更重异；同时言灾异皆以人事说之，肯定灾异的出现必与人事相关。很显然，"二类"说是借助于天的意志对现实政治作出的批判，承继了先儒"言天道归于人道"的传统。

在汉代盛行天人感应理论的时代氛围下，以思想家王充为代表的一些史学家，则对这股思潮进行了批判。针对天人感应论者宣扬天有意志，王充认为天无意志，天道自然；天人感应论者宣扬天命王权，王充认为君王兴于时命，是命当如此，君王圣而不神；天人感应论者宣扬天变灾异，王充认为灾异非天谴告，而是阴阳之气失调所致。王充对于天人感应论的批判也明显存在着理论缺陷：他否定意志之神，却又肯定命运之神；批判天人谴告说，却又将符瑞与圣贤和盛世联系在一起。

第一章　董仲舒的天人感应论

重视探讨天人关系，是西汉政治与思想史的重要特点。汉武帝"垂问乎天人之际"，司马迁以"究天人之际"为撰史旨趣，而经学家董仲舒的天人思想最为丰富。董仲舒对于天人感应论所作的系统阐发，成为其表述历史观点的重要方式。

一、天人感应论的思想渊源

天人感应论作为一种探讨天人关系的学说，春秋战国时期的诸子百家已经在三代天命论的基础上作出了最初表述。《周易·乾卦》释"飞龙在天，利见大人"，就引孔子语曰："同声相应，同气相求。水流湿，火就燥，云从龙，风从虎，圣人作而万物睹。本乎天者亲上,本乎地者亲下,则各从其类也。"在这里,儒家创始人孔子已经明确提出了"同声相应,同气相求"的同类感应论。《春秋》一书集中体现了孔子重灾异的思想。通观《春秋》所记242年史事,其中灾异之事多达122条。这固然是史家纪实手法的一种体现,同时也是孔子畏天命思想的一种体现,所以《论语·八佾》说:"获罪于天,无所祷也。"因此,《春秋》所记的灾异是与人事紧密相连的。司马迁就直截了当地说董仲舒是"以《春秋》灾异之变推阴阳所以错行"[1]。儒家重要文献《中庸》也说,"国家将兴,必有祯祥;国家将亡,必有妖孽"。把天布祥降灾与国家治乱兴亡联系到一起。墨家创始人墨子重言天志,有较为系统的天志论,其天志论的重要内容之一就是灾祥论。墨子认为天志不可违,人若顺从天志,天就会"为寒热也,节四时调阴阳雨露也。时五谷熟,六畜遂,疾灾戾疫凶饥则不至"[2]。相反,若违逆天志,天就会"下疾病祸福,霜露不时"[3]。当然,《春秋》、《中庸》和《墨子》等的灾异

---

[1]《史记》卷一二一,《儒林列传》,中华书局1959年版。
[2]《墨子·天志中》,诸子集成本,中华书局1954年版。
[3]《墨子·天志下》,诸子集成本,中华书局1954年版。

思想还不能直接等同于天人感应论,但是,讲灾异就必然以承认人事上感于天为其前提,因此,说灾异思想隐含有天人感应的思想是不为过的。同时,这种灾异思想还直接为后来天人感应论的形成提供了素材。在先秦,对天人感应论表述最为系统的还数阴阳家的邹衍。关于邹衍的天人感应论,《吕氏春秋·应同》作了详细引述,其基本思想是肯定"类固相召,气同则合,声比则应"这种物类相召具有普遍性;指出天人相召的表现形式是天通过降灾布祥,以对人作出回应;认为黄帝以来的历史反映了天人相召、相互感应的必然性和规律性。

西汉初年,学者们对于神秘的物类相召、天人感应学说更是乐此不疲,精心探究。西汉初年著名的思想家陆贾就讲天人感应。陆贾认为天降灾异是君主"恶政"所致,他说:"恶政生恶气,恶气生灾异。螟虫之类,随气而生;虹蜺之属,因政而见。治道失于下,则天文变于上;恶政流于民,则螟虫生于野。"[1] 陆贾的说法比起《中庸》有了发展,他肯定恶政在先,灾异在后,

---

[1] 陆贾:《新语》卷下,《明诫》,王利器校注本,中华书局1986年版。

第一章　董仲舒的天人感应论

因果关系是很明确的。这一时期人们还试图对天人之所以能相互感应的原因作出解说。如西汉前期成书的《黄帝内经》就认为，天人能相互感应是因为天人是相类的。《灵枢·邪客》说："天有日月，人有两目；地有九州，人有九窍；天有风雨，人有喜怒；天有雷电，人有音律；天有四时，人有四肢；天有五音，人有五脏；天有六律，人有六腑。岁有三百六十五日，人有三百六十节。"《淮南子·精神训》也说：人"头之圆也象天，足之方也象地。天有四时五行九解三百六十六日，人亦有四支五脏九窍三百六十六节。天有风雨寒暑，人亦有取与喜怒。故胆为云，肺为气，肝为风，肾为雨，脾胃雷，以与天地相参也，而心为之主。是故耳目者，日月也；血气者，风雨也"。值得注意的是，《淮南鸿烈》还对天人感应的方法作了解说，认为是"以阴阳之气相动也"。也就是说，阴阳之气是天人感应的中介物。它说："圣人者怀天心，声然能动化天下者也。故精诚感于内，行气动于天，则景星见，黄龙下，祥凤至，醴泉出，嘉谷生。"[1]

---

[1] 刘安：《淮南鸿烈》卷二十，《泰族训》，刘文典集解本，中华书局1989年版。

由上可知，西汉初年以前的学者已经对物类相召、天人感应、天人相类、以气相动诸多问题进行了论说。但从总体来看，这些解说还不够系统，多为流于一种对表象的描述。他们都还是将物类相感看作是一种神秘难知的东西，认为是玄妙而不能论解的，正如《淮南子·览冥训》所说的那样，"夫物类之相应，玄妙深微，知不能论，辩不能解"。天人感应论作为一种系统的神学理论体系，应该说是由董仲舒在前人学说的基础上构建起来的。

二、天人感应论的基本内涵

首先，董仲舒构建了一个以十端为内容的天的系统。董仲舒说："天有十端，十端而止已。天为一端，地为一端，阴为一端，阳为一端，火为一端，金为一端，木为一端，水为一端，土为一端，人为一端，凡十端而毕，天之数也。"[1]在他看来，天地人与阴阳五行十者，是天之十端，这是天的全部内涵所在。这十端之天，

---

[1] 董仲舒：《春秋繁露》卷第七，《官制象天》，苏舆义证本，中华书局1992年版。

第一章 董仲舒的天人感应论

从结构形式而言,是"起于天,至于人而毕"[1],在天人之间则是阴阳五行之气;从属性而言,都是气,天空充满着天气,大地充满着地气,而"天地之气,合而为一,分为阴阳,判为四时,列为五行"[2];从本体论而言,十端之天不是万物,"毕之外谓之物"[3],而是本体,是派生万物的,其中天地生万物,而"人,下长万物,上参天地"[4]。从天人关系而言,一方面天与人并列,各自都是天之一端;一方面天与人又存在着一种授受关系,天授命于人,人受命于天,"人之人本于天,天亦人之曾祖父也。"[5]很显然,前者是一种物质性的天,后者则是一种意志性的天,是指一种天命。因此,董仲舒的天人感应论也就具有了双重性质。一

---

[1] 董仲舒:《春秋繁露》卷第十七,《天地阴阳》,苏舆义证本,中华书局1992年版。
[2] 董仲舒:《春秋繁露》卷第十三,《五行相生》,苏舆义证本,中华书局1992年版。
[3] 董仲舒:《春秋繁露》卷第十七,《天地阴阳》,苏舆义证本,中华书局1992年版。
[4] 董仲舒:《春秋繁露》卷第十七,《天地阴阳》,苏舆义证本,中华书局1992年版。
[5] 董仲舒:《春秋繁露》卷第十一,《为人者天》,苏舆义证本,中华书局1992年版。

方面，董仲舒将天与人都各自看作是天之一端，认为天人感应，就是作为一端的天与一端的人之间的相互感应。而这种天人感应，又是通过天地之间的阴阳之气这一中介物得以实现的。董仲舒说："天地之间，有阴阳之气，常渐人者，若水常渐鱼也。所以异于水者，可见与不可见耳，其澹澹也。"[1] 在董仲舒看来，人生活在阴阳之气中，就如同鱼生活在水中一样，阴阳之气与水的区别，只是在于水可见而阴阳之气不可见。认为正是这种阴阳之气，将人与天相连，起到天人感应的传导作用。董仲舒以气为媒介的天人感应论，与《淮南鸿烈》"以阴阳之气相动也"的说法是相一致的。另一方面，董仲舒又将天命论纳入它的感应论之中，认为"天之所大奉使之王者，必有非人力所能致而自至者，此受命之符也"[2]。同时，董仲舒的气说较《淮南鸿烈》要复杂，他的作为天人感应之媒介物的阴阳之气并不是一种纯粹的物质性的气。董仲舒说："是天地之间，若虚而实，人常渐是澹澹之中，而以治乱之气，

---

[1] 董仲舒：《春秋繁露》卷第十七，《天地阴阳》，苏舆义证本，中华书局1992年版。

[2] 《汉书》卷五十六，《董仲舒传》，中华书局1962年版。

与之流通相淆也。"[1]这样一来，作为天人感应之媒介物的气，就笼罩了一层神秘的色彩。

其次，董仲舒对天人何以能相互感应进行了系统论证，提出了人副天数的理论。董仲舒承继了孔子和《易传》以来的"同声相应，同气相求"的思想，肯定物类相召，同类相动。他说："故气同则会，声比则应，其验皦然也。试调琴瑟而错之，鼓其宫则他宫应之，鼓其商而他商应之，五音比而自鸣，非有神，其数然也。美事召美类，恶事召恶类，类之相应而起也。如马鸣则马应之，牛鸣则牛应之。"[2]与《淮南鸿烈》视物类相应为玄妙深微而不能论解的观点不同，在董仲舒看来，同类相动，"非有神，其数然也"，是事物内含的定数所决定的。根据这种同类相动原理，董仲舒认为天人之所以能相互感应，就在于天与人也是同类。我们知道，在董仲舒的十端说里，人本来就是天之一端，是天的组成部分之一；同时，人又受命于天，为天所派生。

---

[1] 董仲舒:《春秋繁露》卷第十七,《大地阴阳》, 苏舆义证本, 中华书局1992年版。

[2] 董仲舒:《春秋繁露》卷第十三,《同类相动》, 苏舆义证本, 中华书局1992年版。

为了进一步说明天与人同类，董仲舒系统地提出了一套人副天数说。他认为人与天同类，主要表现在：（一）形体同类。董仲舒说："唯人独能偶天地。人有三百六十节，偶天之数也；形体骨肉，偶地之厚也。上有耳目聪明，日月之象也；体有空窍理脉，川谷之象也；心有哀乐喜怒，神气之类也。……是故人之身，首妢而员，象天容也；发，象星辰也；耳目戾戾，象日月也；鼻口呼吸，象风气也；胸中达知，象神明也；腹饱实虚，象百物也。百物者最近地，故要以下，地也。天地之象，以要为带。颈以上者，精神尊严，明天类之状也；颈而下者，丰厚卑辱，土壤之比也。足布而方，地形之象也。……天以终岁之数，成人之身，故小节三百六十六，副日数也；大节十二分，副月数也；内有五藏，副五行之数也；外有四肢，副四时数也；乍视乍瞑，副昼夜也；乍刚乍柔，副冬夏也；乍哀乍乐，副阴阳也；心有计虑，副度数也；行有伦理，副天地也。"[1]董仲舒的上述说法，与《黄帝内经》和《淮南鸿烈》的说法是一致的。由此可知，视天体与人体

---

[1] 董仲舒：《春秋繁露》卷第十三，《人副天数》，苏舆义证本，中华书局1992年版。

同类，似乎可以被看作是董仲舒时代的学者们的一种普遍观念。（二）性情同类。董仲舒认为，人与天不仅形体同类，而且性情也同类，人有喜怒哀乐，天亦有喜怒哀乐。他说："喜怒之祸，哀乐之义，不独在人，亦在于天，而春夏之阳，秋冬之阴，不独在天，亦在于人。人无春气，何以博爱而容众？人无秋气，何以立严而成功？人无夏气，何以盛养而乐生？人无冬气，何以哀死而恤丧？天无喜气，亦何以暖而春生育？天无怒气，亦何以清而秋杀就？天无乐气，亦何以疏阳而夏养长？天无哀气，亦何以激阴而冬闭藏？"[1]（三）道德同类。董仲舒认为，人间的纲常伦理和礼仪制度是取法于天的，人与天道德同类。董仲舒说："君臣、父子、夫妇之义，皆取诸阴阳之道。君为阳，臣为阴；父为阳，子为阴；夫为阳，妻为阴。……是故仁义制度之数，尽取之天。天为君而覆露之，地为臣而持载之；阳为夫而生之，阴为妇而助之；春为父而生之，夏为子而养之；秋为死而棺之，冬为痛而丧之。

---

[1] 董仲舒：《春秋繁露》卷第十一，《天辨在人》，苏舆义证本，中华书局1992年版。

王道之三纲,可求于天。"[1]（四）政时同类。先秦典籍《吕氏春秋》的《十二纪》所着力阐发的中心思想就是"月德当令",认为政令必须要合乎时令,人事需顺从自然（天地）的变化而变化。这一思想被董仲舒构建人副天数学说时作了吸取和发挥,提出了政时同类的思想。董仲舒的政时同类的思想包括两方面内容,一是庆赏罚刑"四政"与春夏秋冬"四时"同类。董仲舒说:"圣人副天之所行以为政,故以庆副暖而当春,以赏副暑而当夏,以罚副清而当秋,以刑副寒而当冬。庆赏罚刑,异事而同功,皆王者之所以成德也。庆赏罚刑与春夏秋冬,以类相应也,如合符。……天有四时,王有四政,四政若四时,通类也,天人所同有也。"[2]二是依据木火土金水五行相生之序和春夏秋冬四时之序来安排农业生产。董仲舒说:"木者春,生之性,农之本也。……火者夏,成长,本朝也。……土者夏中,成熟百种,君之官。……金者秋,杀气之始也。……

---

[1] 董仲舒:《春秋繁露》卷第十二,《基义》,苏舆义证本,中华书局1992年版。
[2] 董仲舒:《春秋繁露》卷第十三,《四时之副》,苏舆义证本,中华书局1992年版。

第一章　董仲舒的天人感应论

水者冬，藏至阴也。"[1]

综上所述可知，董仲舒的人副天数说，其基本素材有些已经散见于前人或同时代人的著述之中。董仲舒正是在这些论说的基础上，构建起了一套系统的人副天数理论，并用这套理论对天人何以能相互感应作出了自己的解说。

最后，董仲舒认为天人感应的表现形式是上天通过布祥降灾，以对人间的政治得失和历史的治乱兴衰作出回应，也就是说，祥瑞或者灾异的出现，是人间政治的得与失、历史的治乱兴衰所决定的。建元元年（前140年），汉武帝诏举贤良对策，提出了一个颇使帝王们感到困惑的问题："三代受命，其符安在？灾异之变，何缘而起？"董仲舒作为举首，对此作了如下回答，他说：

> 天下之人同心归之，若归父母，故天瑞应诚而至。《书》曰"白鱼入于王舟，有火复于王屋，流为乌"，此盖受命之符也。周公曰"复哉复哉"，

---

[1] 董仲舒：《春秋繁露》卷第十三，《五行顺逆》，苏舆义证本，中华书局1992年版。

> 孔子曰"德不孤，必有邻"，皆积善累德之效也。及至后世，淫佚衰微，不能统理群生，诸侯背畔，残贼良民以争壤土，废德教而任刑罚。刑罚不中，则生邪气；邪气积于下，怨恶畜于上。上下不和，则阴阳缪盩而妖孽生矣。此灾异所缘而起也。[1]

在这段话中，董仲舒一方面肯定只有君主积善累德，才能使天下归心，只有使天下归心，才能有祥瑞符命出现；另一方面认为君主如果残贼良民，就会导致群生异心、诸侯背叛，其结果是阴阳失调、妖孽滋生。在《必仁且智》篇中，董仲舒更直截了当地提出，"凡灾异之本，尽生于国家之失"。董仲舒以史为证，对上天缘何布祥降灾作了论说。他认为历史上祥瑞灾异的出现总是与历史的治乱兴衰紧密相连的。五帝三王时期的圣君治国，不敢有君民之心。他们善待民众、德化天下，结果使社会"民家给人足，无怨望忿怒之患，强弱之难，无谗贼妒疾之人"。上天为了奖赏这种德政，故"为之下甘露，朱草生，醴泉出，风雨时，嘉禾兴，

---

[1] 《汉书》卷五十六，《董仲舒传》，中华书局1962年版。

第一章 董仲舒的天人感应论

凤凰麒麟游于郊"。相反,夏桀商纣虽然都是圣王之后,但他们"骄溢妄行",结果被天收回授命,而"大亡天下"。同样,周代衰乱之时,上天屡现灾异,"日为之食,星霣如雨,雨螽,沙鹿崩"。很显然,天降灾异是上天对周代衰政的一种警示。[1] 董仲舒认为,孔子作《春秋》,之所以要大书各种灾异,也是要以此见悖乱之征,以垂训后世。他说:"是故《春秋》之道,以元之深正天之端,以天之端正王之政,以王之政正诸侯之即位,以诸侯之即位正竟内之治,五者俱正而化大行。故书日蚀、星陨、有蜮、山崩、地震、夏大雨水、冬大雨雹、陨霜不杀草、自正月不雨至于秋七月、有鸜鹆来巢,《春秋》异之,以此见悖乱之征。"[2] 由上可知,祥瑞灾异的出现,是与国家的政治得失和历史的治乱兴衰联系在一起的。

当然,在董仲舒的灾异说中,灾与异的含义是有区别的,灾是指灾害,异是指怪异。二者有轻重之分,

---

[1] 董仲舒:《春秋繁露》卷第四,《王道》,苏舆义证本,中华书局1992年版。

[2] 董仲舒:《春秋繁露》卷第六,《二端》,苏舆义证本,中华书局1992年版。

"灾者,天之谴也;异者,天之威也。谴之而不知,乃畏之以威。……国家之失乃始萌芽,而天出灾害以谴告之;谴告之而不知变,乃见怪异以惊骇之;惊骇之尚不知畏恐,其殃咎乃至。以此见天意之仁而不欲陷人也"[1]。《汉书·董仲舒传》也记载了一段与之类似的话,那是建元元年董仲舒的对策之语,董仲舒说:"国家将有失道之败,而天乃先出灾害以谴告之,不知自省,又出怪异以警惧之,尚不知变,而伤败乃至。以次见天心之仁爱人君而欲止其乱也。"很显然,董仲舒的灾异说,其实就是一种谴告说,是上天通过降下灾异,以对人间的君主进行谴告。并认为上天先谴告后警惧的做法,体现了天意之仁和天心之爱。

三、天人感应论的精神实质

董仲舒所构建的这套天人感应神学理论体系,就其目的论来说,是"言天道而归于人道",即通过这种祥瑞灾异说,来表达自己的一种政治观和历史观。而

---

[1] 董仲舒:《春秋繁露》卷第八,《必仁且智》,苏舆义证本,中华书局1992年版。

第一章　董仲舒的天人感应论

董仲舒"言天道而归于人道"的思想，一言以蔽之，就是"屈民而伸君，屈君而伸天"，或者叫"以人随君，以君随天"[1]。也就是说，董仲舒天人感应论之目的论包含了两个方面的内容，一个是"屈民而伸君"，由此而引申出了他的"君权神授论"；一个是"屈君而伸天"，由此则引申出了他的"尊天论"。

先讲君权神授论。君权神授论其实就是一种天命论。如前所说，董仲舒的天具有双重性，它既是物质的，又是有意志的。在对万物化生作出说明时，天的属性则是物质的；在对君权的产生作出说明时，天便具有了意志性。董仲舒认为，不仅人受命于天，上天赋予人以形体、性情和道德。他说："人之形体，化天数而成；人之血气，化天志而仁；人之德行，化天理而义。人之好恶，化天之暖清；人之喜怒，化天之寒暑；人之受命，化天之四时。"[2] 而且统治人间的君主，其君权也是上天所赋予的。董仲舒说：何谓天子？"德

---

[1] 董仲舒：《春秋繁露》卷第一，《玉杯》，苏舆义证本，中华书局1992年版。
[2] 董仲舒：《春秋繁露》卷第十一，《为仁者天》，苏舆义证本，中华书局1992年版。

俾天地者,皇天右而子之,号称天子,"因此,"天子受命于天"。[1]董仲舒认为,从历史上看,"王者必受命而后王"。历代君主都是从上天那里得到受命,然后才得以称王的。如"汤受命而王""文王受命而王",后继者皆是如此。[2]出于神化王权的需要,董仲舒还宣扬一种"圣人无父感天而生"说。这种说法源于《诗经》,《诗经·商颂·玄鸟》说:"天命玄鸟,降而生商,宅殷土芒芒。"经过以董仲舒为代表的汉代今文经学家们的发挥之后,便形成一种系统的天命王权学说。《诗经·大雅·生民》孔颖达疏引许慎《五经异义》佚文说:"《诗》齐、鲁、韩、《春秋》公羊说:圣人皆无父,感天而生。"孔颖达是将"圣人无父感天而生"说当作是今文学家们的一种王权理论的。今文学家们所讲的"圣人"实指"圣王"或者圣王的祖先。在《春秋繁露·三代改制质文》中,董仲舒对这一天命王权理论作了系统表述:

---

[1] 董仲舒:《春秋繁露》卷第十五,《顺命》,苏舆义证本,中华书局1992年版。
[2] 董仲舒:《春秋繁露》卷第七,《三代改制质文》,苏舆义证本,中华书局1992年版。

第一章　董仲舒的天人感应论

天将授舜，主天法商而王，祖锡姓为姚氏。至舜形体大上而员首，而明有二童子，性长于天文，纯于孝慈。天将授禹，主地法夏而王，祖锡姓为姒氏。至禹生发于背，形体长，长足肵，急行先左，随以右，劳左佚右也。性长于行，习地明水。天将授汤，主天法质而王，祖锡姓为子氏。谓契母吞玄鸟卵生契，契先发于胸，性长于人伦。至汤，体长专小，足左扁而右便，劳右佚左也。性长于天光，质易纯仁。天将授文王，主地法文而王，祖锡姓姬氏。谓后稷母姜原履天之迹而生后稷。后稷长于邰土，播田五谷。至文王，形体博长，有四乳而大足，性长于地文势。

在此，董仲舒集中宣扬了两个思想，一是认为圣王是由上天"施符"的；二是认为圣王的祖先是天神与人合生的，当上天赋予其生命之时，也就注定了他的后人必然会称王天下。正如董仲舒所说的："四法之天施符授圣人，王法则性命形乎先祖，大昭乎王君。"[1]

---

[1] 董仲舒：《春秋繁露》卷第七，《三代改制质文》，苏舆义证本，中华书局1992年版。

董仲舒大力宣扬君权神授论，其目的当然是"屈民而伸君"。这种授命说，为君权披上了神圣的外衣，从而使民众由敬畏而顺从于君主的统治。值得注意的是，我们不应该过分地夸大董仲舒君权神授论的消极面，因为西汉前期的政治危机不是来自于王权的强化，而是来自封国势力。西汉思想界所面临的任务，是颂扬王权，鼓吹王道一统。因此，我们既要否定其神授论，又要肯定其强化王权的现实用意和实际政治效用。

次言尊天论。如果说董仲舒神话王权是出于"屈民"的需要，那么他尊天则是出于限制王权的需要。作为思想家，董仲舒很清醒地认识到强化王权对于西汉政治有着重要的积极作用。但是，王权的过于强化，又必然会导致君主的为所欲为，从而又不利于社会的长治久安。然而，在封建统治体制当中，并没有一种制约王权的机制。要限制王权，唯有抬出高高在上的天来。董仲舒天人感应论的主旨就是宣扬天有意志、天命王权。这种天命王权的理论实际上是一把双刃剑，它既可以使民众畏惧而服从于君王的统治，又可以使君王畏惧而服从于上天的意志。那么，"天志"

第一章 董仲舒的天人感应论

究竟是什么？君王又如何按照天的意志进行统治？对此，董仲舒从天命王权的目的论上作了回答。董仲舒指出："天之生民，非为王也，而天立王以为民也。故其德足以安乐民者，天予之；其恶足以贼害民者，天夺之。"[1] 在他看来，天立王并不是为了君主个人，而是为了天下万民。因此，只有那些安乐民众的人，天才会授予他王权；而对于那些贼害民众的君主，天则会收回对他的授命。而上天收回授命的方式，则是民众起来推翻暴君的统治。董仲舒将之称作"有道伐无道"，认为这是顺天理、合天意的。他说汉以前的改朝换代，都是通过有道伐无道而得以实现的，如"夏无道而殷伐之，殷无道而周伐之，周无道而秦伐之，秦无道而汉伐之。有道伐无道，此天理也，所从来久也"[2]。由此来看，董仲舒所言"天志"是以安乐民众为内容的。君主顺从"天志"而治，就是要让民众能过上安居乐业的生活。

---

[1] 董仲舒：《春秋繁露》卷第七，《尧舜不擅移、汤武不专杀》，苏舆义证本，中华书局1992年版。
[2] 董仲舒：《春秋繁露》卷第七，《尧舜不擅移、汤武不专杀》，苏舆义证本，中华书局1992年版。

那么,君主如何才能安乐民众以顺从天意?董仲舒认为,第一,君主要有一颗爱民之心。董仲舒认为《春秋》讲仁义法,而"仁之法在爱人","不爱,奚足谓仁?"[1]君主不但要爱黎民百姓,"仁者所以爱人类也"[2],甚至"鸟兽昆虫莫不爱"[3]。董仲舒明确指出,君主只有博爱民众,才能王天下;而独爱自身,必然会亡天下。《仁义法》篇说:"故王者爱及四夷,霸者爱及诸侯,安者爱及封内,亡者爱及独身。"第二,君主须"务德而不务刑"。董仲舒说:"天道大者在阴阳。"[4]"阳贵而阴贱,天之制也。"[5]将阴阳观念运用到政治统治方式上,那就是"阳为德,阴为刑"[6]。既然阳贵阴贱是天经地义的,那么德贵刑贱,"务德而不务刑"

---

[1] 董仲舒:《春秋繁露》卷第八,《仁义法》,苏舆义证本,中华书局1992年版。

[2] 董仲舒:《春秋繁露》卷第八,《必仁且智》,苏舆义证本,中华书局1992年版。

[3] 董仲舒:《春秋繁露》卷第八,《仁义法》,苏舆义证本,中华书局1992年版。

[4]《汉书》卷五十六,《董仲舒传》,中华书局1962年版。

[5] 董仲舒:《春秋繁露》卷第十一,《天辨在人》,苏舆义证本,中华书局1992年版。

[6]《汉书》卷五十六,《董仲舒传》,中华书局1962年版。

也就是天经地义的政治统治方式。《基义》篇认为古代圣王统治都是"法天而立道"的，因此也都能"多其爱而少其严，厚其德而简其刑，以此配天"。第三，君主须轻徭薄赋，养畜民力。《竹林》篇说："《春秋》之法，凶年不修旧，意在无苦民尔。苦民尚恶之，况伤民乎？伤民尚痛之，况杀民乎？"在董仲舒看来，君主仁爱民众，就应该让百姓多畜产业，以使其"内足以养老尽孝，外足以事上共税，下足以畜妻子极爱"[1]。第四，君主须按五行和时令之序来推行政令。《五行顺逆》篇说，木为春，君主当"劝农事，无夺民时"；火为夏，君主当"举贤良，进茂才"；土为夏中，君主当"循宫室之制，谨夫妇之别，加亲戚之恩"；金为秋，乃杀气之始，君主当"诛贼残，禁暴虐"，"动众兴师，必应义理"；水为冬，此为宗庙祭祀之始，君主当"敬四时之祭，禘祫昭穆之序"。第四，君主要贯彻"分予"的原则。董仲舒说："夫天亦有所分予，予之齿者去其角，傅其翼者两其足，是所受大者不得取小也。古之所予禄者，不食于力，不动于末，是亦受大者不得取

---

[1]《汉书》卷二十四上，《食货志上》，中华书局1962年版。

小，与天同意者也。"既然"分予"是天意和古圣王之意，因此董仲舒规劝当时的统治者要按照"分予"的原则来建立制度，"受禄之家，食禄而已，不与民争业，然后利可均布，而民可家足"。[1]如果食禄的官吏"夺园夫红女利"，实际上是与民众争抢饭碗。董仲舒反对官吏兼下民之利，其实是直接针对西汉地方官僚"乘富贵之资力"，肆意兼并农民土地而言的。

由上可知，董仲舒的尊天论，实际上就是一种尊民论。在他看来，天的意志就是民众的意志，君主顺从天志，也就是顺从民志。从这个角度而言，"屈君而伸天"的真实内蕴，实可以解说为"屈君而伸民"。这样一来，董仲舒的"屈民而伸君"和"屈君而伸天"实际上就成了一个连环套，是一个不可分割的整体。

综上所述，董仲舒构建的这套天人感应神学理论体系，所表述的显然不是一种宇宙哲学，而是一种政治哲学、历史哲学。他所宣扬的天命王权说和祥瑞灾异说，都是和历史、政治紧密相连的，它既是出于解

---

[1] 均见《汉书》卷五十六，《董仲舒传》，中华书局1962年版。

释历史的需要，也是出于政治服务的需要。只要我们揭开其天人感应论的神秘外衣，是不难看出这一学说的实际社会历史寓意的。

第二章　司马迁人事与天命二重性天人观

西汉前、中期，整个社会笼罩着一股天人感应神学思潮。作为史学家兼思想家的司马迁，却要以"究天人之际"作为其撰写《史记》的宗旨，这自然引起了后人对他的天人观的关注。迄今为止，论者多肯定司马迁天人观的基本倾向是持天人相分说的。笔者认为，司马迁确实对天人关系进行了努力探究，《史记》一书表现出了较为明显的天人相分思想。但是，《史记》同时又记怪诞、言灾异、宣扬天命王权，从根本上说，司马迁并未摆脱时代天人感应神学思潮对他的束缚。

第二章　司马迁人事与天命二重性天人观

一、司马迁的重人事思想

司马迁有着较为明显的天人相分思想，这是不可否认的事实。《史记》一书，通篇都体现了一种重人事的思想。在谈论夏、商、周、秦相继更迭这一历史发展大势时，司马迁说：

> 昔虞、夏之兴，积善累功数十年，德恰百姓，摄行政事，考之于天，然后在位。汤、武之王，乃由契、后稷，修仁行义十余世。不期而会孟津八百诸侯，犹以为未可，其后乃放弑。秦起襄公，章于文、缪、献、孝之后，稍以蚕食六国，百有余载，至始皇乃能并冠带之伦。以德若彼，用力如此，盖一统若斯之难也。[1]

在此，司马迁充分肯定了夏、商、周、秦之王天下，都是修仁行义、积德用力的结果，是人为而非天

---

[1]《史记》卷十六，《秦楚之际月表》，中华书局1959年版。

意。同样,司马迁在分析夏、商、周、秦灭亡的原因时,也都认为是人为造成的,而未将之归于天命。他认为,夏桀的灭亡在于"桀不务德而武伤百姓,百姓弗堪"[1]。结果导致众叛亲离,被商汤所灭。认为商纣亲小人,远贤臣,自以为"我生不有命在天乎"而胡作非为,"淫乱不止"[2],结果被周武王兴兵所灭。认为正是由于周厉王的"暴虐侈傲"和周幽王的荒淫无度,才导致周朝国势衰弱和犬戎破镐京惨剧的发生,进入战国以后,已是"周室衰微","政由方伯"。[3]认为统一的秦皇朝"以六合为家,崤、函为宫",结果却二世而亡,原因正如贾谊《过秦论》所言,是"仁义不施,而攻守之势异也"[4]。《齐太公世家》认为齐国霸业的建立,是从太公吕尚以来长期努力的结果,"以太公之圣,建国本,桓公之盛,修善政,以为诸侯会盟,称伯,不亦宜乎?"在《越王勾践世家》中,他称赞"苗裔勾践,苦身焦思,终灭强吴,北观兵中国,以尊周室,好称霸王。勾践

---

[1] 《史记》卷二,《夏本纪》,中华书局1959年版。
[2] 《史记》卷三,《殷本纪》,中华书局1959年版。
[3] 《史记》卷四,《周本纪》,中华书局1959年版。
[4] 《史记》卷六,《秦始皇本纪》,中华书局1959年版。

可不谓贤哉！盖有禹之遗烈焉"。司马迁不但肯定王、侯的人为作用直接关系到天下和诸侯国的兴衰，而且对历史上大凡有所作为之士，他都不惜笔墨，大加颂扬。他非常仰慕孔子，《孔子世家》赞曰："孔子布衣，传十余世，学者宗之。自天子王侯，中国言'六艺'者折中于夫子，可谓至圣矣！"在《陈涉世家》中，他将布衣陈涉发迹与汤武革命、孔子作《春秋》相提并论，充分肯定了陈涉在推翻暴秦统治过程中的首创精神。司马迁对历史上那些将人事的成败归之于天的做法持否定态度。在《项羽本纪赞》中，他否定项羽"天之亡我"的说法，认为项羽的败亡乃是咎由自取，他"自矜功伐，奋其私智而不师古，谓霸王之业，欲以力征经营天下，五年卒亡其国，身死东城，尚不觉寤而不自责，过矣。乃引'天亡我，非用兵之罪也'，岂不谬哉！"《蒙恬列传》记载了蒙恬被秦二世赐死而感到委屈，思来想去，觉得自己可能是修筑长城绝断地脉，由此违忤天意而遭此下场。司马迁对蒙恬将自己的死因归于绝地脉而违忤天意的说法提出批评，他说：

夫秦之初灭诸侯，天下之心未定，痍伤者未

瘳，而恬为名将，不以此时强谏，振百姓之急，养老存孤，务修众庶之和，而阿意兴功，此其兄弟遇诛，不亦宜乎！何乃罪地脉哉！

司马迁也在一定程度上表示出了对天道的怀疑。董仲舒认为："礼无不答，施无不报，天之数也。"[1] 对于这种天道"报善乐施"的说法，司马迁明确表示了自己的怀疑。他作《伯夷列传》，用事实对这种天道观提出质问，他说：

或曰："天道无亲，常与善人。"若伯夷、叔齐，可谓善人者非邪？积仁洁行如此而饿死！且七十子之徒，仲尼独荐颜渊为好学。然回也屡空，糟糠不厌，而卒蚤夭。天之报施善人，其何如哉？盗跖日杀不辜，肝人之肉，暴戾恣睢，聚党数千人横行天下，竟以寿终，是遵何德哉？

《伯夷列传》作为七十列传之首，起到总序的作用。

---
[1] 董仲舒：《春秋繁露》卷第一，《楚庄王》，苏舆义证本，中华书局1992年版。

第二章 司马迁人事与天命二重性天人观

司马迁在首篇列传中就表示了自己对天道的怀疑，提出了对天道的质问，这显然是有寓意的。《天官书》被认为是最能反映司马迁受天人感应思想影响的一篇文字，尽管如此，司马迁还是认为这种"星历之书，多杂禨祥，不经"[1]。他认为"孔子论六经，纪异而说不书。至天道命，不传"[2]。这其实也是司马迁自己作史论及天道时所奉行的一个基本原则。司马迁认为，天变之说盛行与否是与时代环境息息相关的。例如春秋战国时期占星活动异常活跃，显然是与这个时代战乱不已的局面相关。他说：

> 盖略以春秋二百四十二年之间，日食三十六，彗星三见，宋襄公时星陨如雨。天子微，诸侯力政，五伯代兴，更为主命。自是之后，众暴寡，大并小。秦、楚、吴、越，夷狄也，为强伯。田氏篡齐，三家分晋，并为战国。争于攻取，兵革更起，城邑数屠，因以饥馑疾疫焦苦，臣主共忧患，其

---

[1] 《史记》卷一百三十，《太史公自序》，中华书局1959年版。
[2] 《史记》卷二十七，《天官书》，中华书局1959年版。

察禨祥候星气尤急。[1]

在司马迁看来,春秋战国时期人们之所以"察禨祥候星气尤急",是因为那是一个"臣主共忧患"的乱世时代,人们对前途和命运的担心更为迫切。这种分析是很有见地的。在《天官书》中,他还直接对汉初以来的星占之书之零杂提出批评,说:"近世十二诸侯七国相王,言纵横者继踵,而皋、唐、甘、石因时务论其书传,故其占验凌杂米盐。"作为古代史官,"察禨祥候星气"本属分内之事。职业的关系,加上所处的时代氛围,司马迁自然难以摆脱天人感应思想对他的影响。但从上述言论来看,司马迁对禨祥星气是肯定中又有否定的。在《封禅书》中,司马迁一方面宣扬了天人感应思想,另一方面却非常重视将封禅与政治治理紧密结合起来。他反对封建帝王不理政治而专事于鬼神的做法,正是从这个角度出发,《封禅书》用了大量篇幅对秦始皇、汉武帝求仙长生的荒唐行为作了揭露,并予以批评和刺讥。《封禅书》对秦始皇封禅

---

[1]《史记》卷二十七,《天官书》,中华书局1959年版。

第二章 司马迁人事与天命二重性天人观

的结果作如是说:

> 始皇封禅之后十二岁,秦亡。诸儒生疾秦焚《诗》《书》、诛戮文学,百姓怨其法,天下畔之,皆伪曰:"始皇上泰山,为暴风雨所击,不得封禅。"此其所谓无其德而用事者邪?

《封禅书》在对方士们的候神活动和汉武帝封禅之心态也作了一个结语:

> 方士之候祠神人,入海求蓬莱,终无有验。而公孙卿之候神者,尤以大人之迹为解,无有效。天子益怠厌方士之怪迂语矣。然羁縻不绝,冀遇其真。自此之后,方士言神祠者弥众,然其效可睹矣。

由此来看,司马迁对秦始皇、汉武帝沉湎于封禅迷信活动是持否定态度的。司马迁之所以要"论次自古以来用事于鬼神者,具见其表里",目的显然也是以此来劝谕后来者。

二、司马迁的天命王权思想

司马迁重人事,疑天道,但他却从未否定过天命的存在,《史记》一书在一定程度上宣扬了天有意志、天命王权和灾祥谴告等天人感应思想。

首先,司马迁接受了今文经学家的"圣人无父感天而生"的天命王权说。西汉前、中期,以董仲舒为代表的今文学家们,出于维护和加强王权统治的需要,开始在意识形态领域里进行神化王权的工作,其中"圣人感天而生"说便是他们神化王权的一个重要理论。《诗经·大雅·生民》孔颖达疏引许慎《五经异义》佚文说:"《诗》齐、鲁、韩,《春秋》公羊说:圣人皆无父,感天而生。"可见,"圣人无父感天而生"说主要是今文《诗》家和《春秋》公羊家的一种理论。司马迁撰述《史记》,接受了今文学家的这一天命王权理论。如《殷本纪》在描述商王朝始祖契的出生时说:"殷契,母曰简狄,有娀氏之女,为帝喾次妃。三人行浴,见玄鸟堕其卵,简狄取吞之,因孕,生契。"这一说法显然是来源于《诗经·玄鸟》,同时也是对汉代今文学家大力

第二章　司马迁人事与天命二重性天人观

宣扬的"圣人无父感天而生"说的直接承继,今文学家董仲舒就说:"天将授汤,主天法质而王,祖锡姓为子氏,谓契母吞玄鸟卵生契,契先发于胸,性长于人伦。"[1]《史记》认为,周的始祖后稷也是其母姜原履大人迹有孕而生的。《周本纪》说:

> 周后稷,名弃。其母有邰氏女,曰姜原。姜原为帝喾元妃。姜原出野,见巨人迹,心忻然说,欲践之,践之而身动如孕者。居期而生子,以为不祥,弃之隘巷,马牛过者皆辟不践;徙置之林中,适会山林多人,迁之;而弃渠中冰上,飞鸟以其翼覆荐之。姜原以为神,遂收养长之。初欲弃之,因名曰弃。

上述周族起源说同样出自《诗经》和汉代今文学家,董仲舒就说:"天将授文王,主地法文而王,祖锡姓姬氏。谓后稷母姜原履天之迹而生后稷。后稷

---

[1] 董仲舒:《春秋繁露》卷第七,《三代改制质文》,苏舆义证本,中华书局1992年版。

长于邰土，播田五谷。"[1]

如果说司马迁关于商、周民族起源的记载是来自《诗经》和汉代今文经学家的说教的话，那么《史记》的《秦本纪》和《高祖本纪》关于秦人始祖和汉高祖刘邦之出生的记载则是对这一说法的套用。《秦本纪》说："秦之先，帝颛顼之苗裔孙曰女修。女修织，玄鸟陨卵，女修吞之，生子大业。"《秦本纪》关于秦始祖大业出生的描述，显然是模仿《诗经》和董仲舒关于商族起源的说法。所不同的是，汉代今文学家们认为，只有圣王或者圣王的始祖是天人合生的，他们的君权是天神所授。在他们的心目中，秦皇朝的建立者秦始皇以及秦的始祖大业显然不是圣人或圣王，因此，今文学家们并未为嬴秦制造感天而生的神话。《史记·高祖本纪》关于汉高祖刘邦出生的描述，则与商、周、秦三族起源说不同。《高祖本纪》说：

> 高祖，沛丰邑中阳里人，姓刘氏，字季。父曰太公，母曰刘媪。其先刘媪尝息大泽之陂，梦

---

[1] 董仲舒：《春秋繁露》卷第七，《三代改制质文》，苏舆义证本，中华书局1992年版。

第二章 司马迁人事与天命二重性天人观

与神遇。是时雷电晦冥,太公往视,则见蛟龙于其上,已而有身,遂产高祖。

这里所说的不同,其一是刘邦出生乃为刘母与蛟龙直接相交的结果,而非吞卵、履迹;其二是刘媪与蛟龙相交为刘父太公亲眼所见,更具有真实性;其三是第一次将龙与帝王的出生联系在一起,真龙天子的说法大概由此开始。

由上可知,关于"圣人无父感天而生"说的始作俑者当数《诗经》,西汉前期今文经学家对此说法作了大力宣传,史学家司马迁无疑又接受了今文学家的这一理论。司马迁以"圣人感天而生"说作为《殷本纪》《周本纪》《秦本纪》《高祖本纪》的开篇,显然是有深刻寓意的。在司马迁看来,"圣人"即是建国的帝王或者是他们的始祖,他们的王权都并不是通过人为的努力而获得的,而是先天就注定了的。从历史来看,商、周、秦、汉的开国,全部都是上天的旨意。当天神赋予他们的始祖以肉体之时,也就同时赋予了他们这个部族或者家族治理万民的权力。从这四朝的建国来看,其中商、周和秦的天命所归已是由来已久,注定商汤能建国的是其始祖契；注定姬周能建国的是其始祖后稷；注定秦能统一天下的是大业。也就是说，商、周和秦的建国或统一，它主要不是取决于商汤、周文王、周武王和秦始皇个人的努力，而是取决于他们的始祖乃天神所生。如他在评析秦统一六国原因时就说："论秦之德义不如鲁卫之暴戾者，量秦之兵不如三晋之强也，然卒并天下，非必险固便形势利也，盖若天所助焉。"[1] 同样，汉王朝的建立，也主要不是取决于刘邦个人的能力，而是因为他是龙种。《高祖本纪》不但记载了刘媪与蛟龙相交而生刘邦的故事，还记载了一个赤帝之子刘邦斩白蛇的故事，目的都是以此论证刘邦乃真龙天子。司马迁甚至将秦始皇为何东游，也说成"秦始皇帝常曰'东南有天子气'，于是以东游以厌之"。由此来看，刘邦灭秦建汉，是得之天统，而非人为。

值得注意的是，司马迁并不是一个彻底的"圣人无父感天而生"论者。在《史记》中，司马迁一方面宣扬"圣人无父"，另一方面又说"圣人有父"。《史记》的记载从黄帝起，《五帝本纪》就明确记载黄帝乃少典之

---

[1]《史记》卷十五，《六国年表》，中华书局1959年版。

子。同时,《五帝本纪》还详明了其他四帝与黄帝之间的血源关系:颛顼为黄帝之孙、昌意之子,帝喾为青阳(黄帝子)之孙、蟜极之子,帝尧为帝喾之子,帝舜为颛顼之后、瞽叟之子。作为夏王朝的开创者大禹,司马迁论列其血源世系时,说他是颛顼之孙、鲧之子。所以司马迁说:"自黄帝至舜、禹,皆同姓而异其国号。"如果说从黄帝到夏禹不在司马迁论列的"无父"圣王的范围之内的话,那么从商朝圣王开始则属他所论列的"无父"范围之内。但在《史记·三代世表》中,司马迁却又明确指出商、周始祖契和后稷是有父的。他对商的世系所作的排列是:"黄帝生玄嚣,玄嚣生蟜极,蟜极生高辛,高辛生禼,禼为殷祖。"这里的禼即是契。他在论列周世系时说:"黄帝生玄嚣,玄嚣生蟜极,蟜极生高辛,高辛生后稷,为周祖。"司马迁认为商、周的始祖契和后稷是同父同祖的兄弟。对于这种看似矛盾的说法,《鲁诗》学者褚少孙的解释是:司马迁"一言有父,一言无父,信以传信,疑以传疑,故两言之"[1]。在褚少孙看来,司马迁之所以要"两言"之,

---

[1]《史记》卷十三,《三代世表》,中华书局1959年版。

他是奉行了"信以传信,疑以传疑"的撰史原则。我们认为这种说法无疑是正确的,"信以传信,疑以传疑"不仅是诸《本纪》的撰写原则,同时也是《史记》全书的一个撰写原则。但是,"无父"或"有父"又不仅仅是一个"传信"或"传疑"的问题,它其实还蕴含着一种"报德"的天命思想。从司马迁所列的自黄帝以来的圣王世系来看,有一个非常明显的特点,那就是这些古圣王都是黄帝的子孙,甚至连秦的祖先也是"帝颛顼之苗裔孙"[1]。司马迁所作的三代以上的世系排列是很值得怀疑的,但在这里,历史的真实与否并不重要,重要的是司马迁提出了"圣人同祖"说。对于司马迁提出的"圣人以黄帝为共祖"的思想寓意,褚少孙看得很清楚,他说:"舜、禹、契、后稷皆黄帝子孙也。黄帝策天命而治天下,德泽深后世,故其子孙皆复立为天子,是天之报有德也。"[2] 由此来看,司马迁的"圣人无父感天而生"说和"圣人有父""圣人同祖"说看似矛盾对立,其实都是服务于天命王权这一理论的。值得注意的是,司马迁宣扬"圣人有父""圣人同

---

[1] 《史记》卷五,《秦本纪》,中华书局1959年版。
[2] 《史记》卷十三,《三代世表》,中华书局1959年版。

第二章 司马迁人事与天命二重性天人观

祖",后来古文经学家们也大力宣扬"圣人有父""圣人同祖",从这个角度而言,正如王葆玹所说的:"《史记》关于五帝三王世系的记载便可说是古文经学'圣人皆同祖'一说的先声。"[1]

其次,司马迁宣扬灾祥谴告说。鼓吹灾祥谴告,这是董仲舒天人感应思想的重要内涵,司马迁在接受董仲舒"圣人无父感天而生"说的同时,也对董仲舒的灾祥谴告之说作了吸取。在《天官书》中,司马迁认为天地之间是存在着对应规律的,也正因此,历代君主都重视观天察地。司马迁说:

> 自初生民以来,世主曷尝不历日月星辰?及至五家、三代,绍而明之,内冠带,外夷狄,分中国为十有二州,仰则观象于天,俯则法类于地。天则有日月,地则有阴阳。天有五星,地有五行。天则有列宿,地则有州域。三光者,阴阳之精,气本在地,而圣人统理之。

---

[1] 王葆玹:《今古文经学新论》,中国社会科学出版社1997年版,第431页。

在此，司马迁对天地对应的解说，其理论根据显然是董仲舒天人感应论所宣扬的对应原理。在《天官书》中，司马迁记载了历史上大量的灾异之变，这一方面是出于史家纪实的需要，更主要的则是表现为司马迁对灾异说的信奉。在记载秦汉之际的灾异之变时，司马迁说：

> 秦始皇之时，十五年彗星四见，久者八十日，长或竟天。其后秦遂以兵灭六王，并中国，外攘四夷，死人如乱麻。因以张楚并起，三十年之间兵相骀籍，不可胜数。自蚩尤以来，未尝若斯也。
>
> 汉之兴，五星聚于东井。平城之围，月晕参、毕七重。诸吕作乱，日蚀，昼晦。吴楚七国叛逆，彗星数丈，天狗过梁野；及兵起，遂伏尸流血其下。元光、元狩，蚩尤之旗再见，长则半天。其后京师师四出，诛夷狄者数十年，而伐胡尤甚。越之亡，荧惑守斗；朝鲜之拔，星茀于河戌；兵征大宛，星茀招摇：此其荦荦大者。若此委曲小变，不可胜道。

第二章 司马迁人事与天命二重性天人观

在司马迁看来,秦汉之时所出现的一系列天变现象,都是与人世间出现的各种变乱相对应的。换句话说,也正是有了这些天变现象在先,才注定了必然会有人事变乱在后。司马迁还由此得出结论:"由是观之,未有不先形见而应随之者也。"也就是说,只要出现天象的变化,就必然会随之出现人事的变化。他显然是相信历史上史官们所记载的各种天人感应的灾异现象,从而得出这一结论的。

《封禅书》记载了自上古至汉武帝时期帝王们祭祀天地山川鬼神之事。如前所说,《封禅书》确有不少内容是讥刺秦始皇和汉武帝专事鬼神活动的,却不能因此而否认司马迁有天人感应的思想。其一,司马迁是主张帝王进行封禅的。他说:"自古受命帝王,曷尝不封禅?"《五帝本纪》记载了舜摄行天子之政后,"遂类于上帝,禋于六宗,望于山川,辩于群神"。并每隔五年巡狩一次,分别在二月、五月、八月、十一月进行东南西北轮换巡狩。他认为夏、商、周的开国圣君都重视巡狩天下。在《封禅书》中,司马迁借管仲之口说"古者封泰山禅梁父者七十二家",并罗列了管仲所言的其中十二家的名字,从中可知他们都是古代的圣王。其二,司马迁认为受命之君进行封禅也是有条件的,那就是必须要天降祥瑞。祥瑞不会自至,只有帝王立德建功,上天才会降下祥瑞。在《封禅书》中,司马迁借用管仲劝阻齐桓公封禅的话,强调了帝王封禅必须要有祥瑞出现的重要性。管仲说:

> 古之封禅,鄗上之黍,北里之禾,所以为盛;江淮之间,一茅三脊,所以为籍也。东海致比目之鱼,西海致比翼之鸟,然后物有不召而自至者十有五焉。今凤凰麒麟不来,嘉谷不生,而蓬蒿藜莠茂,鸱枭数至,而欲封禅,毋乃不可乎?

管仲的符瑞之说打消了贤君齐桓公的封禅念头。司马迁认为,从历史上看,"盖有无其应而用事者矣,未有睹符瑞见而不臻乎泰山者也"。在司马迁看来,"符瑞见,必封禅"是帝王们的一种普遍心态。司马迁将封禅与符瑞相结合的思想,其精神实质是劝说君王要修德建功,因为无德无功的君主是不会招致祥瑞出现的,从而也就不能名正言顺地进行封禅活动。但是,良好的政治用意,却并不能否定司马迁具有天人感应

第二章 司马迁人事与天命二重性天人观

思想这一事实。

此外,《史记》还记载了不少怪诞故事,如《高祖本纪》所记刘邦斩百蛇的故事、《赵世家》所记赵简子梦至帝所的故事以及韩厥"积阴德"而使韩国得以传国十余世等,无疑都反映出了司马迁的天命思想。

综上所述,司马迁"究天人之际"确实"究"出了一些新的内容,首先,司马迁不但非常重视人为对历史发展所起的作用,而且他所讲的人为之"人"是指群体之人,他既重视封建帝王的人为作用,也非常重视从将相到平民的人为作用。其次,司马迁怀疑天道,认为星历之书多杂禨祥,反对像秦始皇、汉武帝那样专事于鬼神。但是,司马迁并不否定天命的存在,《史记》对"圣人无父感天而生""圣王同祖"和灾祥谴告等天命思想、天人感应思想都作了宣传。因此,我们对司马迁的天道观要有一个全面认识和准确把握,在肯定其重人事思想之积极内蕴的同时,也应该看到他还没有完全摆脱这种天人感应时代神学思潮的束缚。

第三章 刘向的灾异论及其与刘歆灾异论之异趣

以灾异言政治与历史,这是汉代经学的主要特征之一。刘向,作为西汉末年今文经学大家,也是以灾异论作为其政治思想和历史思想的一种表述形式的。据《汉书·楚元王传》载,刘向在整理古籍过程中,见《尚书·洪范》载有箕子为武王陈五行阴阳休咎之应,"乃集合上古以来历春秋六国至秦汉符瑞灾异之记,推迹行事,连传祸福,著其占验,比类相从,各有条目,凡十一篇,号曰《洪范五行传论》"。这部《洪范五行传论》今已不存,但其基本内容被保存在《汉书·五行志》中,它是刘向系统宣扬其神秘主义灾异论的一部重要著作。与乃父相同,古文经学家刘歆也好言灾异。他曾著有《洪范五行传》一书,系统阐发

第三章　刘向的灾异论及其与刘歆灾异论之异趣

其灾异观。只是这部书也已失传，其中部分内容被保存在《汉书·五行志》中。刘向、歆父子都好言灾异，都是通过鼓吹神秘主义的灾异论来阐发其政治思想和历史思想的。但是，他们二人灾异论的旨趣却是不相同的。

一、反对外戚势力：刘向灾异论的重要旨趣

西汉末年政治危机的一个突出表现，便是外戚专权。因此，反对外戚势力，便成为刘向灾异论的重要旨趣。西汉成帝即位后，政治局势已是"政由王氏出"，外戚王氏牢牢地控制了朝政大权。而正是在此时，仕途一再受挫的刘向再度受到重用，重新被汉成帝拜为中郎，兼领三辅都水，后又迁为光禄大夫。在政治上获得新生的刘向，非常珍惜这一难得的仕宦机会，他出于捍卫刘家皇朝统治的责任感和使命感，以汉室遗老和三朝大臣自居，屡屡上疏汉成帝，极言外戚专权之患。他的这种忧患意识，在其与好友陈汤的谈话中已表露无遗。刘向说："灾异如此，而外家日盛，其渐必危刘氏。吾幸得同姓末属，累世蒙汉厚恩，生为宗

室遗老,历事三主。上以我先帝旧臣,每进见常加优礼,吾而不言,孰当言者?"[1] 在刘向诸上疏中,尤以阳朔二年(前23年)的《论王氏封事疏》为最著名,它对王氏专权之于刘氏政权统治的严重危害性给予了大胆而充分的揭示:

> 今王氏一姓朱轮华毂者二十三人,青紫貂蝉充盈幄内,鱼鳞左右。大将军秉事用权,五侯骄奢僭盛,并作威福,击断自恣,行污而寄治,身私而讬公,依东宫之尊,假甥舅之亲,以为威重。尚书九卿州牧郡守皆出其门,筦执枢机,朋党比周。称誉者登进,忤恨者诛伤;游谈者助之说,执政者为之言。排摈宗室,孤弱公族,其有智能者,尤非毁而不进。远绝宗室之任,不令得给事朝省,恐其与己分权;数称燕王、盖王以疑上心,避讳吕、霍而弗肯称。内有管、蔡之萌,外假周公之论,兄弟据重,宗室磐互。历上古至秦汉,外戚僭贵未有如王氏者也。虽周皇甫、秦穰侯、汉武安、吕、

---

[1] 《汉书》卷三十六,《楚元王传》,中华书局1962年版。

第三章 刘向的灾异论及其与刘歆灾异论之异趣

霍、上官之属,皆不及也。[1]

在这段话中,刘向一方面历述了成帝之时"政由王氏出"的种种表现和给政治统治带来的种种危害;另一方面则明确指出王氏专权的严重性是自上古以来所未曾有过的,从而充分揭示了当时政治统治危机的严重性。

正是受这种忧患意识的驱使,刘向不但极言外戚专权对刘氏政权的严重威胁,而且还大量借用自董仲舒以来西汉社会广为流行的灾异学说,企图以此说明外戚干政是悖于常理和违于天道的。如在上述《论王氏封事疏》中,刘向就以天显大异来论说外戚王氏势力的强大已经构成了对刘氏政权的严重威胁。他说:

> 物盛必有非常之变先见,为其人微象。孝昭帝时,冠石立于泰山,仆柳起于山林。而孝宣帝即位,今王氏先祖坟墓在济南者,其梓柱生枝叶,扶疏上出屋,根插地中,虽立石起柳,无以过此

---

[1] 《汉书》卷三十六,《楚元王传》,中华书局1962年版。

> 之明也。事势不两大,王氏与刘氏亦且不并立,如下有泰山之安,则上有累卵之危。

在这段话中,刘向以王家祖坟出现"梓柱生枝叶,扶疏上出屋"之大异来警告汉成帝,指出王氏取代刘氏之象已经非常显明。为了确保刘氏政权的统治,忠心可嘉的刘向进而一方面语重心长地奉劝汉成帝"纵不为身,奈宗庙何?"希望他出于保住刘家宗庙的考虑,应该设法限制王氏势力的膨胀;另一方面又认为后妃不应亲近母家,纵容母家势力的膨胀,说:"妇人内夫家,外父母家,此亦非皇太后之福也。"

当然,刘向以灾异说外戚,主要见诸《洪范五行传论》一书。《洪范五行传论》是刘向集中阐发其灾异理论的一部重要著作,而以灾异说外戚则是其中重要内涵之一。对此,只要我们认真考察一下刘向为何要作《洪范五行传论》这部灾异著作,其中的道理就不言自明了。《汉书·楚元王传》对于刘向的著述动机是这样叙述的:

> 是时帝元舅阳平侯王凤为大将军秉政,倚太

第三章 刘向的灾异论及其与刘歆灾异论之异趣

后，专国权，兄弟七人皆封为列侯。时数有大异，向以为外戚贵盛，凤兄弟用事之咎。而上方精于《诗》《书》，观古文，诏向领校中《五经》秘书。向见《尚书·洪范》，箕子为武王陈五行阴阳休咎之应。向乃集合上古以来历春秋六国至秦汉符瑞灾异之记，推迹行事，连传祸福，著其占验，比类相从，各有条目，凡十一篇，号曰《洪范五行传论》，奏之。天子心知向忠精，故为凤兄弟起此论也，然终不能夺王氏权。

由上可见，刘向著《洪范五行传论》这部灾异著作，其目的正如汉成帝所言，"故为凤兄弟起此论也"。也就是说，是出于反对外戚王氏专权的一种需要。从《汉书·五行志》所保留的《洪范五行传论》的内容来看，在总共150余条论述灾异的材料当中，仅与外戚、后妃相关的就有30条之多。当然，《洪范五行传论》所言外戚，并不仅限于宣、元、成三朝，其中很多内容是以史喻今的。由此可见，反对外戚专权，无疑是刘向灾异论的主要内容。以下列举数条，从中可见刘向是怎样借灾异说外戚及后妃的。如：

(庄公)二十四年,"大水"。刘向以为哀姜初入,公使大夫宗妇见,用币,又淫于二叔,公弗能禁。臣下贱之,故是岁、明年仍大水。[1]

惠帝二年,天雨血于宜阳,一顷所,刘向以为赤眚也。……是时政舒缓,诸吕用事……[2]

惠帝四年十月乙亥,未央宫凌室灾;丙子,织室灾。刘向以为……天若戒曰,皇后亡奉宗庙之德,将绝祭祀。[3]

元帝初元四年,皇后曾祖父济南东平陵王伯墓门梓柱卒生枝叶,上出屋。刘向以为王氏贵盛将代汉家之象也。[4]

由上引述可知,刘向是将天变灾异与外戚干政联系在一起的。在他看来,外戚干政,自然会直接威胁到皇权的统治和封建政权的稳定,因此,自古以来,

---

[1]《汉书》卷二十七上,《五行志》,中华书局1962年版。
[2]《汉书》卷二十七下之下,《五行志》,中华书局1962年版。
[3]《汉书》卷二十七上,《五行志》,中华书局1962年版。
[4]《汉书》卷二十七下之下,《五行志》,中华书局1962年版。

第三章 刘向的灾异论及其与刘歆灾异论之异趣

外戚专政都不是一种正常的政治现象。而这种人间政治的非正常现象,必然会感应于上天,从而导致上天降下各种灾异,以此对人间君主作出警告。在此,刘向显然是全盘承继了董仲舒的天人感应论。而刘向借用董仲舒的天人谴告说,其目的显然是要劝说西汉皇帝限制乃至消除外戚势力对于封建政治的干预,以期稳定和巩固封建皇朝的政治统治。

当然,刘向并不只是危言进谏,或是灾异警示,同时他积极地为刘家皇帝消除外戚势力献计献策。刘向从宗室立场出发,认为汉成帝要想安邦定国,就必须要消除外戚王氏势力;而要消除外戚王氏势力,就必须亲近刘氏宗室。所以他说:

> 夫明者起福于无形,销患于未然。宜发明诏,吐德音,援近宗室,黜远外戚,毋授以政,皆罢令就弟,以则效先帝之所行,厚安外戚,全其宗族,诚东宫之意,外家之福也。王氏永存,保其爵禄,刘氏长安,不失社稷,所以褒睦外内之姓,子子

孙孙无疆之计也。[1]

在刘向看来,"援近宗室,黜远外戚",无疑是使"王氏永存,保其爵禄,刘氏长安,不失社稷"的一个两全其美的办法。

刘向还充分认识到了外戚干政与后妃存在着紧密的关系。有鉴于此,他不但主张后妃应该要"内夫家,外父母家",认为这不仅是皇室之福,而且也是后妃之福;同时,他还明确指出王教必须由内到外,即要首先以王教来规范后妃的言行举止。刘向曾编有《列女传》一书,我们从《汉书·楚元王传》的记载可知,刘向编写此书的动机,完全是出于规范后妃的需要,当然,进而言之,也是为了防止外戚专权的一种需要。传文曰:

> 向睹俗弥奢淫,而赵、卫之属起微贱,逾礼制。向以为王教由内及外,自近者始。古采取《诗》《书》所载贤妃贞妇,兴国显家可法者,及孽嬖乱

---

[1]《汉书》卷三十六,《楚元王传》,中华书局1962年版。

亡者，序次为《列女传》，凡八篇，以戒天子。

这里所言"以戒天子"，也就是"以戒后妃"。应该说，《列女传》实际上就是刘向为后妃们编写的一部修身所用的教科书。

二、捍卫刘氏正统：刘向灾异论的根本旨趣

如果说反对外戚势力是刘向灾异论的重要旨趣的话，那么，捍卫刘氏正统则是刘向灾异论的根本旨趣。刘向所处的西汉宣、元、成时代，正是西汉政治统治走向全面衰败的时代，同时也是一个灾异频出的时代。如："（元帝）初元以来六年矣，案《春秋》六年之中，灾异未有稠如今者也。""自（成帝）建始以来，二十岁间而八食，率二岁六月而一发，古今罕有。"[1] 在刘向看来，元、成之际的灾异不但甚于春秋之时，实为古今所罕有。面对政治衰败和灾异频出，人们对刘家皇朝的统治开始失去了信心，当时社会上各种"异姓

---

[1]《汉书》卷三十六，《楚元王传》，中华书局1962年版。

受命"、同姓"再受命"的呼声已是甚嚣尘上。早在汉昭帝时期，以眭孟（名弘）为代表的一部分人就首先提出了"异姓受命"的主张。据《汉书·眭弘传》载，昭帝元凤三年（前78年），出现泰山大石自立、上林苑僵柳复起之异象，于是"孟推《春秋》之意，以为'石柳皆阴类，下民之象，（而）泰山者岱宗之岳，王者异姓告代之处。今大石自立，僵柳复起，非人力所为，此当有从匹夫为天子者。"眭孟还以先师董仲舒（眭孟为赢公弟子、董仲舒二传弟子）的言论为依据，认为汉家应该顺从天命以禅位于贤人。他说："先师董仲舒有言，虽有继体守文之君，不害圣人之受命。汉家尧后，有传国之运。汉帝宜谁差天下，求索贤人，禅以帝位，而退自封百里，如殷周二王后，以承顺天命。"眭孟这次鼓吹"异姓受命"，结果却是以"妖言惑众，大逆不道"被诛杀而收场，但是此后"异姓受命"的呼声不但没有停息，反而更加高涨，京房、谷永便是倡于其后的重要代表人物。汉成帝时，又有齐人甘忠可宣扬同姓"更受命"说。据史载，"成帝时，齐人甘忠可诈造《天官历》《包元天平经》十二卷，以言'汉家逢天地之大终，当更受命于天，天地使真人赤精子，

第三章 刘向的灾异论及其与刘歆灾异论之异趣

下教我此道'"[1]。当然,甘忠可这次宣扬同姓"更受命"同样也没有好结果,他被刘向奏以"假鬼神罔上惑众"而被"下狱治服,未断病死"。

与上述眭孟、甘忠可等人以灾异鼓吹"异姓受命"和同姓"更受命"不同,刘向的灾异论则是以维护刘氏正统为根本旨趣的。刘向是很相信天人感应说的,这一点他与眭孟、甘忠可等人并无二致。他坚信政治与灾异之间存在着一种因果关系,各种灾异的频繁出现,是人间政治衰败招引所致;而天现灾异的目的,则是对人间君主进行谴告,作出警示。所以他说:"和气致祥,乖气致异;祥多者其国安,异众者其国危,天地之长经,古今之通义也。"[2]然而,与眭孟、甘忠可等人不同,面对灾异频出、政治衰败的现状,刘向既不赞成"异姓受命"之论,也反对同姓"更受命"之说(他斥责甘忠可"假鬼神罔上惑众"即是例证),而是从正统主义出发,坚决维护刘汉政权的现有统治秩序。

刘向维护刘氏正统的具体做法或表现,其一是以

---
[1]《汉书》卷七十五,《眭两夏侯京翼李传》,中华书局1962年版。
[2]《汉书》卷三十六,《楚元王传》,中华书局1962年版。

历史上的灾异之变为鉴戒,以此警示西汉统治者。汉元帝时期,随着政治的不断衰败,灾异也频频出现。为了引起汉元帝对灾异频出的高度重视和警觉,刘向在给元帝的上疏中,详细列举了《春秋》所记242年历史的各种灾异现象:

> 二百四十二年之间,日食三十六,地震五,山陵崩陁二,彗星三见,夜常星不见,夜中星陨如雨一,火灾十四。长狄入三国,五石陨坠,六鹢退飞,多麋,有蜮、蜚,鸜鹆来巢者,皆一见。昼冥晦。雨木冰。李梅冬实。七月霜降,草木不死。八月杀菽。大雨雹。雨雪雷霆失序相乘。水、旱、饥、蝝、螽、螟蜂午并起。当是时,祸乱辄应,弑君三十六,亡国五十二,诸侯奔走,不得保其社稷者,不可胜数也。[1]

刘向如此不厌其烦地罗列《春秋》242年间的各种灾异现象,其用心是显而易见的,他是要以《春

---

[1] 《汉书》卷三十六,《楚元王传》,中华书局1962年版。

第三章 刘向的灾异论及其与刘歆灾异论之异趣

秋》所记各种灾异事实告知汉元帝一个道理，那就是《春秋》242年间之所以灾异不断，都是由这一时期政治衰败所导致的。换言之，正是由于这一时期的统治者没有听从上天的不断谴告，从而才导致了"弑君三十六，亡国五十二，诸侯奔走，不得保其社稷者，不可胜数也"这种惨剧的出现。刘向认为，相比较于《春秋》灾异而言，元帝初元以来灾异频出更有过之而无不及，刘向说："初元以来六年矣，案《春秋》六年之中，灾异未有稠如今者也。夫有《春秋》之异，无孔子之救，犹不能解纷，况甚于《春秋》乎？"[1] 既然灾异有过于《春秋》，刘向的言下之意也就非常明了了，那就是说元帝时期的统治危机还要甚于《春秋》之时。刘向此论虽说是为了警示皇帝，但也绝不是危言耸听，因为当时的社会确实已经是危机四伏了。刘向警示皇帝的言论还不仅见于上元帝书，汉成帝永始元年（前16年），刘向在其著名的《谏起延陵疏》中，更是以"三统"说来警告成帝，他说："王者必通三统，明天命所授者博，非独一姓也。"[2] 这就是说，如果西汉统治者

---

[1]《汉书》卷三十六，《楚元王传》，中华书局1962年版。
[2]《汉书》卷三十六，《楚元王传》，中华书局1962年版。

不能直面灾异，改弦易辙，就必然会出现天命转移的现象。当然，刘向既肯定天命转移是一种历史的必然，却又极不希望天命转移的现象真的发生在刘氏皇朝的身上。他说《春秋》灾异，言天命转移，其目的是要西汉统治者能够以历史为鉴戒，不要重蹈以往的覆辙。

其二是积极向西汉统治者进献致祥去异之策。刘向不仅只是以灾异警示封建帝王，而且也积极为刘家天子献计献策，以期能够致祥去异，永保刘氏政权长治久安。刘向曾经上疏汉元帝，奉劝他应该要亲贤臣、远佞邪，认为这是避免灾异重至的重要方法。他说：

> 在上则引其类，在下则推其类，故汤用伊尹，不仁者远，而众贤至，类相致也。今佞邪与贤臣并在交戟之内，合党共谋，违善依恶，歙歙訾訾，数设危险之言，欲以倾移主上。如忽然用之，此天地之所以先戒，灾异之所以重至者也。[1]

在刘向看来，只有统治者亲近贤臣，才能使贤者

---

[1]《汉书》卷三十六，《楚元王传》，中华书局1962年版。

第三章 刘向的灾异论及其与刘歆灾异论之异趣

云集于朝,而不肖者远离而去;反之,如果佞邪受到亲近,则必然会导致灾异重至。刘向认为,元、成时期之所以政治衰败,灾异频出,其中一个重要原因,就是统治者不辨佞邪与贤臣,致使"贤不肖混淆,白黑不分,邪正杂糅,忠谗并进"[1]。

值得注意的是,刘向为了使刘汉统治有所遵循,还非常重视历史经验教训的借鉴作用。为此,刘向精心编写了《新序》《说苑》等历史著作,希望通过讲述历史故事,而使西汉统治者能够得以明了各种治国治民的道理。在刘向编辑的这些历史故事中,主要蕴含了如下两方面治国思想:首先,统治者要以民为本。刘向认为,统治者能否以民为本,这是直接关系到统治政权是存是亡的大政问题。在《新序》杂事四"哀公问孔子"章中,刘向借孔子答哀公问,明确表达了他的君民观:"丘闻之,君者舟也,庶人者水也,水则载舟,水则覆舟,君以此思危,则危将安不至矣!"[2] 这就是说,民之于君,就如同水之于舟一样,民是起着主导的和决定性作用的,因此,统治者要求的政治治

---

[1]《汉书》卷三十六,《楚元王传》,中华书局1962年版。

[2]《荀子·哀公》,诸子集成本,中华书局1954年版。

理，就必须要以民为本。那么，统治者究竟应该怎样推行以民为本的思想呢？刘向为此提出了一些具体主张。一是强调统治者应该要有一颗不忍人之心。《说苑·贵德》说："仁人之德教也，诚恻隐于中，悃愊于内，不能已于其心。故其治天下也，如救溺人。见天下强陵弱，众暴寡，幼孤羸露，死伤系虏，不忍其然。"二是统治者要视民如赤子。《贵德》篇说："圣人之于天下百姓也，其犹赤子乎！饥者则食之，寒者则衣之，将之养之，育之长之，唯恐其不至于大也。"三是力戒统治者竭泽而渔。在《新序》杂事五"颜渊侍鲁定公于台"章中，刘向借颜渊之口说："昔者舜工于使人，造父工于使马。舜不穷其民，造父不尽其马，是以舜无失民，造父无失马。"

其次，统治者要知人善任。刘向认为，为君之道在于知人，《说苑·君道》说："是故知人者主道也，知事者臣道也，主道知人，臣道知事，毋乱旧法，而天下治矣。"同时刘向又认为，统治者除了要善于知人，还要善于用人、任人。在《君道》篇中，刘向借晏子之口，将君王不知人、用人和任人视作国家"三不祥"："国有三不祥，是不与焉。夫有贤而不知，一不祥；知

第三章 刘向的灾异论及其与刘歆灾异论之异趣

而不用,二不祥;用而不任,三不祥也。"刘向还具体剖析了统治者得不到贤人辅佐治国的具体原因,他认为主要有"五阻",《君道》篇说:"且夫国之所以不得士者,有五阻焉:主不好士,谄谀在傍,一阻也;言便事者,未尝见用,二阻也;壅塞掩蔽,必因近习,然后见察,三阻也;讯狱诘穷其辞,以法过之,四阻也;执事适欲,擅国权命,五阻也。"

综上所述,随着西汉后期封建统治的全面危机和各种灾异现象的频频出现,以灾异论政治已经成为时人论政的一种普遍手段,由此在社会上形成了一股强烈的神秘主义神学思潮。作为刘汉宗室和一代经师,刘向承继了今文学家好言灾异的传统,而积极置身于这股神学思潮之中。他的灾异之论无疑是助长了西汉后期神学思潮的泛滥。但是,与那些鼓吹"异姓受命"和同姓"更受命"的灾异之论不同,刘向言灾异却是为了反外戚和维护刘氏的正统地位。因此,刘向在以异灾警示刘家皇帝的同时,更多的则是为刘家皇帝积极出谋划策,以期尽可能地挽回这种封建败局。一言以蔽之,刘向灾异论的根本旨趣是为了维护刘氏正统。

三、刘向、刘歆灾异论之异趣

与刘向灾异论具有鲜明反外戚和维护刘氏正统的旨趣相比，刘向之子、古文经学家刘歆的灾异论不但没有反外戚的内蕴，而且对维护刘氏正统，其态度也是暧昧的。对于刘向、歆父子灾异论之异趣，史家班固在《汉书·五行志》中已经给予指出，他说："孝武时，夏侯始昌通《五经》，善推《五行传》……其传与刘向同，唯刘歆传独异。"我们只要对《汉书·五行志》所保留的刘向《洪范五行传论》和刘歆的《洪范五行传》作一比较，就不难看出他们二人灾异论内蕴旨趣之不同。

首先，二人对灾异与君权危机之间的关系看法不一。如隐公九年，"三月癸酉，大雨，震电；庚辰，大雨雪"。对此，刘歆只是认为这是一种异象，天意行罚，他说："当雨，而不当大雨。大雨，常雨之罚也。于始震电八日之间而大雨雪，常寒之罚也。"而刘向则明确认为这是君权受到威胁之象："天戒若曰，为君失

第三章 刘向的灾异论及其与刘歆灾异论之异趣

时,贼弟佞臣将作乱矣。"[1]又如僖公三十三年"十二月,陨霜不杀草"。对此刘歆只是"以为草妖也"。而刘向则明确认为"此君诛不行,舒缓之应也"。再如僖公三十三年"十二月,李梅实"。对此,刘歆只是认为"李梅实,属草妖"。而刘向则认为这是"阴成阳事,象臣颛君作威福"。如此等等,不一而足。上述刘向、刘歆关于灾异的不同解释,充分表明了他们对于西汉末年皇权遭到严重削弱这一现实所表现出的态度是很不相同的,前者忧心忡忡,将灾异与君权紧密联系在一起;后者只是笼统地将灾异说成是上天示罚,却并不将它与君权的危机相联系。

其次,二人对反外戚、正内宫的态度不一。如庄公二十四年,"大水"。刘歆认为这是行宗庙之罚:"先是严饰宗庙,刻桷丹楹,以夸夫人,简宗庙之罚也。"而刘向则认为这是后妃不正之象:"刘向以为哀姜初入,公使大夫宗妇见,用币,又淫于二叔,公弗能禁。臣下贱之,故是岁、明年仍大水。"[2]又庄公十七年"冬,多麋"。对此,刘歆"以为毛虫之孽为灾"。而刘向则

---
[1] 《汉书》卷二十七中之上,《五行志》,中华书局1962年版。
[2] 《汉书》卷二十七上,《五行志》,中华书局1962年版。

认为"麋色青,近青祥也。麋之为言迷也,盖牝兽之淫者也。是时,严公将娶齐之淫女,其象先见,天戒若曰,毋娶齐女,淫而迷国"[1]。再如庄公二十六年"十二月癸亥朔,日有食之"。对此,刘歆只是从自然天象作一解释:"十月二日楚、郑分。"而刘向则将此异与内宫淫乱联系起来:"鲁夫人淫于庆父、叔牙,将以弑君,故比年再食以见戒。"[2]从上述诸例可以看出,刘向因反外戚而重视正内宫,故而将很多灾异与内宫不正相联系;而刘歆并不反外戚,故而在解释上述灾异时,其角度往往与刘向不同。

此外,刘向解释灾异,几乎无不与政治紧密联系在一起;而刘歆对很多灾异的解释,却并无浓厚的政治色彩。如庄公三十年"九月庚午朔,日有食之"。刘向认为这是当时政局变乱之象:"后鲁二君弑,夫人诛,两弟死,狄灭邢,徐取舒,晋杀世子,楚灭弦。"而刘歆则"以为八月秦、周分"。宣公十六年"六月丙寅朔,日有食之"。刘向认为这是鲁侯被执之象:"后晋败楚、郑于鄢陵,执鲁侯。"刘歆则"以为四月二日鲁、

---

[1] 《汉书》卷二十七中之上,《五行志》,中华书局1962年版。
[2] 《汉书》卷二十七下之下,《五行志》,中华书局1962年版。

第三章 刘向的灾异论及其与刘歆灾异论之异趣

卫分"[1]。如此等等。刘向重视历史上灾异与政治之间的关系,其实是反映了他对当时时局走向的关注和对刘氏政权命运的担忧。这种强烈的维护刘氏正统的忧患意识是刘歆所没有的。

那么,刘向、刘歆灾异论内蕴旨趣为何有如此大的差异呢?首先从时代背景来看。我们知道,刘向所处的宣、元、成时代,是西汉皇朝逐渐走向全面危机的时期,特别是成帝之时,随着外戚王氏势力的强大,刘氏皇朝的统治已经是岌岌可危了。但在刘向看来,刘汉皇朝尚未达到无可挽回的地步,只要刘家皇帝充分认识到外戚王氏专权对于刘氏政权的威胁,从而设法限制乃至铲除王氏势力,就一定能使"刘氏长安,不失社稷"。刘向的看法绝非一厢情愿,而是建立在历史事实基础上的。正如有的学者所言,"汉王室此时固然已相当腐朽,但王氏家族的势力还远未强大到能取刘氏而代之的地步"[2]。与刘向不同,刘歆的政治生涯主要开始于哀帝之后。而汉哀帝之时,政局已是危机四伏,皇帝自己对继续统治下去都失去了信心。

---

[1] 《汉书》卷二十七下之下,《五行志》,中华书局 1962 年版。
[2] 汤志钧:《西汉经学与政治》,上海古籍出版社 1994 年版,第 321 页。

建平二年（前5年），哀帝决定再受命，下诏"以建平二年为太初元将元年。号曰陈圣刘太平皇帝"。后来，哀帝还一度要搞异姓受命，准备禅位于佞臣董贤。[1]这些现象足以说明刘家的统治已经很难继续下去了。因此，刘歆尽管是刘汉宗室，他已经不可能像其父那样拥有浓厚的正统观念。也正因此，在他的灾异论中，就不可能内蕴有像刘向那样的正统主义思想。其次，刘歆的秉性具有一种反传统的精神。刘歆的反传统秉性集中表现在学术上独树古文经学大旗，挑起中国经学史上第一次古今文经学大论战。当然，刘歆敢于向当时一统天下的今文经学挑战，其理论勇气确实是可嘉的。但是，正是这种反传统的秉性，注定了刘歆不可能像乃父那样有着强烈的正统意识。最后，刘歆步入政坛，是得力于外戚王莽的举荐；刘歆在仕途上之所以能飞黄腾达，也是因为王莽的重用。实际上，刘歆的整个政治生涯是与王莽紧密联系在一起的。这种仕宦经历，注定了刘歆不可能具有反外戚干政的思想意识，因而也就决定了其言灾异不可能与外戚干政相联系。

---

[1]《汉书》卷十一，《哀帝纪》，中华书局1962年版。

第四章　王充对天人感应论的批判

天人感应论作为一种系统的天人理论体系，是由西汉思想家董仲舒为满足汉武帝"垂问乎天人之际"的需要，通过借助于对儒家经典的阐释和发挥而构建起来的。这种天人感应论的主旨思想是宣扬天有意志、天命王权和天人谴告，因而是一种神意史观。[1] 东汉初年，经历了一场兴衰之变后的刘汉皇朝，急需思想家们从神意角度对其政权的合法性作出解说，于是乎，作为一种神意史观，天人感应论在这种特定的政治背景下得到了进一步的宣扬。而王充，作为在东汉初年那个神学弥漫的时代里涌现出的杰出的思想家，则公然起来对这种神意史观进行了批判。王充明确认为：

---

[1] 董仲舒的天人感应论"言天道而归于人道"，因而是一种"神道设教"，有其积极内蕴。然而，本文所论，旨在对其神意一面作出批判。

天无意志，天道自然；王者兴于时命，圣而不神；灾异为阴阳所致，而非天神所谴告。王充的批判，无疑是击中了天人感应论者的要害。不过，王充的反神意并不彻底，他在否定意志之神的同时，又肯定了命运之神的存在；在批判天人谴告说的同时，却又认为符瑞与圣贤和盛世联系在一起。很显然，在东汉初年那个神学弥漫的时代里，要想彻底摆脱神学的束缚，并非一件易事。

一、天无意志，天道自然

天人感应论者的一个重要思想，便是认为天有意志，人与万物皆为天所派生。对于天人感应论者的天有意志、天生万物的观点，王充进行了驳斥，而明确提出了天无意志，天道自然的思想。

王充对于天的认识，主要是吸收了汉人的天文理论成果。汉人的天文理论主要有盖天、浑天和宣夜三

第四章 王充对天人感应论的批判

种学说,盖天说和浑天说认为天是"体"[1],而宣夜说认为天是"气"。王充主盖天说,同时也吸收了宣夜说的一些素养。他一方面说:"夫天,体也,与地无异。"[2]认为天与地一样,只是一种实体。他还对天究竟是体还是气作了分辨:

> 且夫天者,气邪?体也?如气乎,云烟无异,安得柱而折之?女娲以石补之,是体也。如审然,天乃玉石之类也。
>
> 如实论之,天体,非气也。[3]

可是在另一方面,当追问到天地之体的成因时,王充又不得不将它们归之于气。他说:"说《易》者曰:'元气未分,混沌为一。'儒书又言:'溟涬濛澒,气未

---

[1] 盖天说起于周代,代表作是《周髀算经》,有新旧两说。汉以前旧说之基本观点是"天圆如张盖,地方如棋局"。汉人新说之基本观点是"天像盖笠,地法覆槃"。(均见《晋书·天文志》)浑天说迟至战国时已流行,最后完成者为东汉张衡,基本观点是"浑天如鸡子,天体圆如弹丸,地如蛋中黄"。(张衡《浑天仪图注》)由此可见,盖天说与浑天说皆主天为体,但天体之形有异。
[2] 王充:《论衡》卷第四,《变虚》,黄晖校释本,中华书局1990年版。
[3] 王充:《论衡》卷第十一,《谈天》,黄晖校释本,中华书局1990年版。

分之类也。及其分离，清者为天，浊者为地。'"对于《易》者和儒书的这一言论，王充是持肯定态度的，故而他接着说道："如说《易》之家、儒书之言，天地始分，形体尚小，相去近也。近则或枕于不周之山，共公得折之，女娲得补之也。"[1] 这两段话表达了这样一个思想：天地由气而成，已成天地是体。值得注意的是，王充不但认为天地由气而成，而且认为已成天地虽然是体，但它们却是含气之体，"天地，含气之自然也"，而"含气之类，无有不长"。这就是形体尚小的初始之天为什么后来能变成如此高远广大之天地的原因。换言之，正是由于天地的不断聚气，从而才使天地能不断地施气。王充有时甚至直接将天说成是气，"夫天亦远，使其为气，则与日月同；使其为体，则与金石等"[2]。很显然，王充上述气的思想是对宣夜说作了吸取。当然，王充天论的主导思想还是持盖天说的，在他看来，天从本质而言，它是含气而非气的一种实体。不过，无论王充将天看作是体还是气，有一点是相同的，那就是体是自然，气也是自然。正如王充所说的，

---

[1] 王充：《论衡》卷第十一，《谈天》，黄晖校释本，中华书局1990年版。
[2] 王充：《论衡》卷第五，《感虚》，黄晖校释本，中华书局1990年版。

第四章　王充对天人感应论的批判

"使天体乎？宜与地同。使天气乎？气若云烟，云烟之属，安得口目？"[1]天是没有口目从而也没有意志的自然。

与天地相关联的还有自然界中的万物和人。王充从气化的观点出发，认为万物之生是天地施气的结果，"天地合气，万物自生，犹夫妇合气，子自生矣"。王充还对天地施气而万物因此自生作了描述："天覆于上，地偃于下，下气烝上，上气降下，万物自生其间矣。"值得注意的是，王充强调万物之生是"自生"，而不是"故生"。也就是说，万物之生是一个自然的过程，而不是上天意志的体现。所以他说："施气不欲为物，而物自为，此则无为也。"并对"故生"说驳斥道："天地为之，为之宜用手，天地安得万万千千手，并为万万千千物乎？"[2]由物及人，王充认为人和万物一样，人之生也是天地施气的结果。王充说："然则人生于天地也，犹鱼之（生）于渊，虮虱之（生）于人也，

---

[1] 王充：《论衡》卷第十八，《自然》，黄晖校释本，中华书局1990年版。
[2] 以上均见王充《论衡》卷第十八，《自然》，黄晖校释本，中华书局1990年版。

因气而生，种类相产。万物生天地之间，皆一实也。"[1]从上所述可知，在王充看来，天是一种含气的自然实体，由于天地的施气而有了万物和人类之生。但是，万物和人类之生都是一种"自生"，而不是"故生"。由此可见，王充在此表达了一种天道自然的观点。

二、君王兴于时命，圣而不神

天人感应论者不但认为人与万物皆为天所派生，而且认为统治人间的君王也是兴于天命，非人力所为，而这种天命彰显的依据便是天降符瑞，以此公然宣扬君权神授论。对于天人感应论者宣扬的君权神授论，王充给予了批判，他认为君王之兴是兴于时命际会，圣贤是"圣而不神"。

天人感应论者津津乐道于符瑞之说，在他们看来，文王得到赤雀、武王得到白鱼和赤乌，这些符瑞的出现，都是上天授命于文王和武王的一种彰显。对于这种符瑞显王命说，王充驳斥道："自然无为，天之道也。

---

[1] 王充：《论衡》卷第三，《物势》，黄晖校释本，中华书局1990年版。

第四章　王充对天人感应论的批判

命文以赤雀，武以白鱼，是有为也。"既然天道无为，那么又如何解释这些瑞物的出现呢？对此，王充以时命际会加以解释，他说："文王当兴，赤雀适来；鱼跃鸟飞，武王偶见，非天使雀至、白鱼来也，吉物动飞，而圣遇也。"在此，王充肯定赤雀、白鱼皆为瑞物，只是他认为瑞物与圣王相遇，乃是偶然而非必然，瑞物并非天命之显。[1] 王充还以汉高祖之兴为例，说明王者之兴实为一种时命际会。他说：

> 圣主龙兴于仓卒，良辅超拔于际会。世谓韩信、张良辅助汉王，故秦灭汉兴，高祖得王。夫高祖命当自王，信、良之辈时当自兴，两相遭遇，若故相求。[2]

在此，王充肯定韩信、张良为高祖建汉之良辅。但是，他认为高祖建汉从根本上说是他"命当自王"，所以也就自然遇到了韩信、张良这样的良辅。

---

[1] 以上均见王充《论衡》卷第三，《初禀》，黄晖校释本，中华书局1990年版。

[2] 王充:《论衡》卷第三，《偶会》，黄晖校释本，中华书局1990年版。

天人感应论者尤其大力神化圣王,其中最为典型的一种理论就是汉代今文学家鼓吹的"圣人无父感天而生"说。在他们看来,"圣人之生,不因人气,更禀精于天"。如他们说尧母感赤龙而生尧,禹母吞薏苡而生禹,契母吞燕子而生契,后稷母履大人迹而生后稷,刘母梦遇蛟龙而生刘邦。由于圣王都是其母感天物而生的,因而他们能从上天那里得到授命。由此来看,这种"圣人无父感天而生"说,显然是在宣扬一种王权天定论,在他们看来,圣王统理万民的权力,都是先天就注定了的。对于天人感应论者的这一说法,王充明确表示:"如实论之,虚妄言也。"其一,王充认为,既然这些人认为圣人是禀天精微之气而生,那么,薏苡、燕子和大人迹"三者皆形,非气也,安能生人?"而且"三家之生,以草,以鸟,以土,可谓精微乎?"在王充看来,三者既非气,又非精微之物,怎么能说圣人是禀天精微之气而生呢?其二,王充认为施气者与受之而生者大小不一,不可相生。如"燕之身不过五寸,薏苡之茎不过数尺,二女吞其卵、实,安能成七尺之形乎?"其三,王充认为异类之物,无法相互交配。王充认为,只有同类之物才能授施,而

第四章　王充对天人感应论的批判

异类之物是不相与合的。故而他说:"龙与人异类,何能感于人而施气?"[1] 应该说,以上王充对圣王感天而生说的批驳,无疑是蕴含有很多合理的成分的。

王充并不否认当时儒家所认定的那些圣贤,只是他反对世儒们将这些圣贤人物说成是"前知千岁,后知万世""不学自知,不问自晓"之人。在王充看来,所谓圣贤,从才具上讲,他们都是一些知晓"文质之复,正朔相缘,损益相因"之人,但是,他们的才具不是天生的,而是通过后天学、问、思而来的。王充说:"人才有高下,知物由学""学之乃知,不问不识""天下之事,世间之物,可思而知"。正是从这一思想出发,王充明确认为所谓圣贤,它只是一种道德智能之号,是对通过学、问、思之后成为有才学之人的一种称呼,由此王充得出结论:所谓圣贤,是"圣而不神"。[2]

综上所述可知,王充以时命际会说来批判天人感应论者所宣扬的符瑞说,从而肯定君王之兴与天降符

---

[1] 以上均见王充《论衡》卷第三,《奇怪》,黄晖校释本,中华书局1990年版。
[2] 以上均见王充《论衡》卷第二十六,《实知》,黄晖校释本,中华书局1990年版。

瑞之间并没有必然联系，而是一种偶然际会；王充对于"圣人无父感天而生"说的批判，无疑是一种对唯物主义的接近，有理论意义；王充认为圣贤是通过学、问、思而成就的，因而它"圣而不神"，这是对"生而知之"论的一种否定。

三、灾异为阴阳所致，而非天神谴告

天人感应论者认为，既然君权为天所授，君主为政自然也要受到天的监督，如果为政失道，天就会降下灾异，以此对人君进行谴告。而上天降灾或现异，其意义又不尽相同，"儒者之说又言：'人君失政，天为异；不改，灾其人民；不改，乃灾其身也。先异后灾，先教后诛之义也。'"[1] 也就是说，灾是比异更为严重的一种警示。这里所谓儒者关于灾异之辨，与董仲舒的灾异之辨不尽相同，董仲舒认为，"灾者，天之谴也；异者，天之威也。谴之而不知，乃畏之以威。"[2] 也就

---

[1] 王充：《论衡》卷第十四，《谴告》，黄晖校释本，中华书局1990年版。
[2] 董仲舒：《春秋繁露》卷第八，《必仁且智》，苏舆义证本，中华书局1992年版。

第四章 王充对天人感应论的批判

是说，董仲舒认为异要重于灾。不过，二者说法虽然不尽相同，却都积极鼓吹灾异谴告，重视灾异之辨，因而其精神实质是一样的。对于天人感应论者所宣扬的天人谴告说，王充给予了批判，其基本思想如下：

第一，天道自然，何以能对人君作出谴告？在王充看来，上天对人君进行谴告，这无疑是肯定了天的意志性，是有意志的天的一种有为行为，而实际上天是自然无为的，因而它是不可能对人君进行谴告的。所以王充说："夫天道，自然也，无为。如谴告人，是有为，非自然也。"[1] 这显然是从天的本质属性上对天人谴告说作了否定。

第二，如果天有意志，希望君主推行善政，为何不更气反而要降灾呢？在王充看来，既然上天具有超意志的力量，如果它真心希望君主推行善政的话，完全可以通过更气的办法来帮助君主，造福于民，而不应该通过降下灾异的办法来残害于民。他以"瑟师之睹弦柱之非"来比喻"天之见刑赏之误"，说：

---

[1] 王充：《论衡》卷第十四，《谴告》，黄晖校释本，中华书局1990年版。

> 鼓瑟者误于张弦设柱,宫商易声,其师知之,易其弦而复移其柱。夫天之见刑赏之误,犹瑟师之睹弦柱之非也,不更变气以悟人君,反增其气以渥其恶,则天无心意,苟随人君为误非也。[1]

在此,王充明确认为天降灾异是上天跟随人君为非作恶。因此,认为天人感应论者所谓天降灾异是劝君为善,这种说法是站不住脚的。

第三,圣贤与天同道,圣贤以善劝人,为何天要以恶劝人呢?针对世儒鼓吹的天降灾异以恶劝人的说法,王充则以"圣贤与天同道"作出反驳。王充说:

> 天人同道,大人与天合德。圣贤以善反恶,皇天以恶随非,岂道同之效,合德之验哉?[2]

在王充看来,"圣贤与天同道",这是世所共知的事实,而圣贤是以善劝人的,以此推论,上天也必然会以善劝人,而不可能以恶劝人。而天降灾异则是以

---

[1] 王充:《论衡》卷第十四,《谴告》,黄晖校释本,中华书局1990年版。
[2] 王充:《论衡》卷第十四,《谴告》,黄晖校释本,中华书局1990年版。

第四章　王充对天人感应论的批判

恶劝人，因此，天人感应论者所谓天降灾异以劝人为善的说法显然是不合乎逻辑的。

第四，如果说灾异是为失政而降，那么，为何桀、纣无灾而尧、汤有洪、旱之患呢？王充说，桀、纣是人所皆知的暴君，然而"桀、纣之时，无饥耗之灾"[1]。相反，尧、汤则是人所皆知的至圣之君，可是"尧遭洪水，汤遭大旱。如谓政治所致，尧、汤恶君也"。[2]王充这一比照论说，是很有说服力的。

同时，王充还进一步从气化论角度对天降灾异作了解释。王充认为，灾异的发生并没有什么神秘之处，它只是阴阳之气错乱所致，所以他说："风雨暴至，是阴阳乱也。"[3]也就是说，上天是否降下灾异，与君主的政治得失是没有关系的。王充的辩驳，以朴素的气化论揭去了灾异论的神秘面纱。

应该说，王充通过以上四个反问，不但对天人感应论者所宣扬的天人谴告说作了驳斥，说明了天降灾异这种以恶劝善的做法是不合情理和逻辑的，而且以

---

[1] 王充：《论衡》卷第十七，《治期》，黄晖校释本，中华书局1990年版。
[2] 王充：《论衡》卷第十五，《明雩》，黄晖校释本，中华书局1990年版。
[3] 王充：《论衡》卷第五，《感虚》，黄晖校释本，中华书局1990年版。

朴素的气化论揭去了灾异论的神秘面纱，肯定了天降灾异与人间政治得失并没有必然的联系。

四、批判思想的局限性

王充对于主导汉代思想潮流的天人感应论进行系统批判，这无疑表现了他作为一名思想家所具有的反潮流的大无畏精神。然而，在那谶纬迷信笼罩着整个社会的时代里，要想做到对于这种迷信思想进行彻底清算却并不是一件易事。实际上，由于时代和认识的局限性，王充对于天人感应神学迷信思想所进行的批判是很不彻底的，具体表现：

其一，否定了意志之神，却又肯定了命运之神。王充否定天有意志，认为天道自然，因此，它不能决定历史的治乱兴衰，这无疑是正确的。然而，当王充否定了意志之神的同时，却又肯定了命运之神。在王充看来，历史的发展是受命运所摆布的，而作为历史活动的主体——人，在命运面前则是非常渺小、无能为力的。从这样一种命定论出发，王充否定了人君对于历史发展的重要作用。他说：

第四章　王充对天人感应论的批判

> 贤君之立，偶在当治之世，德自明于上，民自善于下，世平民安，瑞佑并至，世则谓之贤君所致。无道之君，偶生于当乱之时，世扰俗乱，灾害不绝，遂以破国亡身灭嗣，世皆谓之为恶所致。[1]

在王充看来，人们将国家的败亡归罪于君主的昏暗，却不知道是这个君主遇到了"当乱之时"；同样，人们将天下大治归功于圣贤的统治，却不知道是圣贤恰好遇上了"当治之世"。这就是说，历史治乱兴衰的决定者是命运，而不是圣贤或者昏君，国家的灭亡也只是昏君的一种偶遇罢了。很显然，无论王充的主观意志如何，这种说法对于历史上的昏君政治，无疑在客观上是起到了开脱罪责的作用。更有甚者，由于王充看不到自然与社会之间的区别，他常常从元气自然论去看待时命，认为"时命当自然也"[2]，将命时看作一种纯自然的东西。由此，他甚至提出了"国命系于众星"

---

[1] 王充:《论衡》卷第十七,《治期》,黄晖校释本,中华书局1990年版。
[2] 王充:《论衡》卷第三,《偶会》,黄晖校释本,中华书局1990年版。

的荒唐之说。他说:"国命系于众星,列宿吉凶,国有祸福;众星推移,人有盛衰。"[1]这已经完全流于星相家之说了。

其二,批判天人谴告说,却又将符瑞与圣贤和盛世联系在一起。王充在对天人谴告说作出批判时,就已经明确认为天道乃自然,因而它不可能有意志;既然天无意志,也就不可能降下灾异符瑞以谴告人君。这种还天道于自然的思想无疑是正确的。然而,王充批判天人谴告说,不认为符瑞的出现是上天意志的体现的同时,却又认为符瑞的出现确实是与圣贤和盛世联系在一起的。首先,王充认为,瑞应的出现往往与圣贤是并时的。王充说:

> 凡人禀贵命于天,必有吉验见于地,见于地,故有天命也。验见非一,或以人物,或以祯祥,或以光气。[2]

在此,王充所为"禀贵命于天"的人,当然是指

---

[1] 王充:《论衡》卷第二,《命义》,黄晖校释本,中华书局1990年版。
[2] 王充:《论衡》卷第二,《吉验》,黄晖校释本,中华书局1990年版。

圣贤。在他看来,圣贤出现之时,是一定有吉验见于地的。王充曾经斥责天人感应论者宣扬的"圣人无父""感天而生"说是"虚妄言也",可是,当他为了说明贵人有吉验时,又反过来对此作了肯定。如他说:

> "野出感龙",及"蛟龙居上",或尧、高祖受富贵之命,龙为吉物,遭加其上,吉祥之瑞,受命之证也。光武皇帝产于济阳宫,凤凰集于地,嘉禾生于屋。圣人之生,奇鸟吉物之为瑞应。[1]

在此,王充再也不说那些"物生自类本种"之类的话了,而是将这些龙、凤凰和嘉禾等都看作是圣人出现之瑞应。

其次,王充还将瑞应的出现看作是盛世的一种标志。如王充为了证明汉朝盛于周朝,其中一个重要论据,就是汉朝的瑞物是历史上最多的。所不同的是,天人谴告论者认为瑞应的出现是上天对人君统治的一种肯定,是上天意志的一种体现;而王充则从气化的

---

[1] 王充:《论衡》卷第三,《奇怪》,黄晖校释本,中华书局1990年版。

角度来认识这个问题,他认为瑞应的出现是阴阳之气和顺的结果,而阴阳之气和顺与盛世政通人和相关。那么,是否因此可以说瑞应的出现是圣贤推行善政的结果呢?王充的答案是否定的。对于瑞应、圣贤政治和阴阳之气和顺之间的关系,王充以时命偶合论来加以说明。他认为,瑞应的出现和阴阳之气的和顺,它们与圣贤和盛世的出现只是一种偶合,是命中该要出现圣人或是盛世了,于是也就有了瑞物的出现和阴阳之气的和顺。也就是说,在偶合之下,瑞应、和气、圣贤和盛世也就同时并世了。很显然,王充的瑞应论实际上还是陷入了一种不可知论。正如任继愈所说的,王充的"瑞应说非但没有使人们的认识前进一步,却使人们陷入了另一种迷惘和盲从,而且到头来这种神秘莫测的瑞应之因,还会归结到鬼神之力上去"[1]。

---

[1] 任继愈:《中国哲学发展史(秦汉)》,人民出版社1985年版,第534页。

第五章 班固史学思想的神意化倾向

班固是一位具有浓厚正统意识的史学家。他断汉为史作《汉书》，是以"宣汉"为其主旨的，而"《汉书》的'宣汉'，主要是以天命历史观，通过曲解历史而宣汉家之德"[1]的。综观班固的史学思想，其神意倾向是很明显的，具体表现：一是系统宣扬了自西汉后期以来就已经流行的"汉为尧后"说，以此来解说刘汉皇朝的历史统绪；二是接受了自董仲舒以来的天人感应思想，以此来表达他的天人观。

---

[1] 吴怀祺:《中国史学思想史》，安徽人民出版社1996年版，第110页。

一、对刘歆"汉为尧后"说的汲取与改造

"汉为尧后"说是伴随着西汉后期政局的衰败而逐渐流传起来的一种说法,其目的是鼓吹刘汉禅位和异姓受命。从现有材料来看,最早造出此说的当数西汉昭帝时人眭孟,《汉书·眭弘传》明确载有眭孟"汉家尧后,有传国之运"之说,其意是说汉家应当仿效唐尧禅位虞舜故事。不过,眭孟所谓"汉为尧后"的依据究竟是什么,从尧至汉的刘氏世系又是如何排列的,对此传文皆未论及。西汉末年思想家刘歆著《三统历谱·世经》,构建了一套系统的五行相生之五德终始说,"汉为尧后"便是这一学说宣扬的主旨思想之一。班固作《汉书》,不但全盘接受了刘歆宣扬的五德相生说,而且《汉书·高帝纪赞》还考出了一个自唐尧至刘邦的刘氏具体世系来。不过,从目的性而论,班固与刘歆的"汉为尧后"说存在着本质的区别:刘歆宣扬"汉为尧后"说,是希望刘汉皇朝能像唐尧禅位于虞舜一样禅位于王莽,因而是服务于刘汉政权和平过渡到新莽政权的一种政治需要;而班固宣扬"汉为尧后"说,

第五章　班固史学思想的神意化倾向

则是有鉴于刘邦"无土而王",致使人们对于刘汉皇朝的建立感到困惑不解,从而需要从神意角度作出历史解说,以为刘汉政权的合法性提供理论依据。

班固有感于《尧典》颂尧之德,而作《典引》以叙汉德。《典引》开篇便提出了一个刘氏皇朝的天授系统:

> 太极之原,两仪始分,烟烟熅熅,有沈有奥,有浮有清。沈浮交错,庶类混成。肇命人主,五德初始,同于草昧,玄混之中。逾绳越契,寂寥而亡诏者,《系》不得而缀也。厥有氏号,绍天阐绎者,莫不开元于大昊皇初之首,上哉夐乎,其书犹可得而修也。亚斯之世,通变神化,函光而未曜。
>
> 若夫上稽乾则,降承龙翼,而炳诸《典》《谟》,以冠德卓踪者,莫崇乎陶唐。陶唐舍胤而禅有虞,虞亦命夏后,稷契熙载,越成汤武。股肱既周,天乃归功元首,将授汉刘。[1]

---

[1] 《后汉书》卷四十下,《班彪列传》,中华书局1965年版。

在这段话中，班固首先论述了世界的起源问题，而这种世界起源论的理论依据则是《周易·系辞》和《易乾凿度》。《系辞上》说："《易》有太极，是生两仪。"《系辞下》又说："天地细缊，万物化醇。"而《易乾凿度》则说："清轻者为天，浊沈者为地。"其次，班固认为人类的历史是按照五德终始的法则运行的。班固一方面肯定王者"绍天阐绎"，他们都是继天而作的，另一方面认为王者传统是按照五德相生之序进行的。班固以《易传》"帝出乎《震》"的说法为依据，而以得木德而王天下的伏羲氏为人文始祖，故说王者"莫不开元于大昊皇初之首"。从得木德的伏羲开始，帝王之位依据相生之序而依次下传于得火德的炎帝神农氏、得土德的黄帝轩辕氏。他们被合称为"三皇"。班固认为，亚斯之世的少昊、颛顼、高辛诸帝虽然"通变神化"，却由于《系辞》不载其事，致使他们的功业"函光而未曜"；而陶唐氏由于秉诸《典》《谟》之故，遂使其德得以彰显。自陶唐之后，帝王统绪依次为舜虞、夏禹、成汤和武王，而继周之后，天命"将授汉刘"。

如果说《典引》篇只是勾勒出了自伏羲氏至刘汉的天命王权体系的一个大致轮廓的话，那么，在《汉

第五章 班固史学思想的神意化倾向

书·高帝纪赞》中，班固则考出了一个具体而又系统的汉绍尧运的刘氏家族的世系来。《高帝纪赞》曰：

> 《春秋》晋史蔡墨有言，陶唐氏既衰，其后有刘累，学扰龙，事孔甲，范氏其后也。而大夫范宣子亦曰："祖自虞以上为陶唐氏，在夏为御龙氏，在商为豕韦氏，在周为唐杜氏，晋主夏盟为范氏。"范氏为晋士师，鲁文公世奔秦。后归于晋，其处者为刘氏。刘向云战国时刘氏自秦获于魏。秦灭魏，迁大梁，都于丰，故周市说雍齿曰："丰，故梁徙也。"是以颂高祖云："汉帝本系，出自唐帝。降及于周，在秦作刘。涉魏而东，遂为丰公。"丰公，盖太上皇父。其迁日浅，坟墓在丰鲜焉。及高祖即位，置祠祀官，则有秦、晋、梁、荆之巫，世祠天地，缀之以祀，岂不信哉！由是推之，汉承尧运，德祚已盛，断蛇著符，旗帜上赤，协于火德，自然之应，得天统矣。

关于汉高祖刘邦的家世，最早记录汉史的《史记》是这样说的："高祖，沛丰邑中阳里人，姓刘氏，字季。

父曰太公;母曰刘媪。"[1]在此,司马迁没有记录刘邦祖父以上家世情况。之所以没有记录,当然是无法考证。其实,就是称刘邦之父为太公,这也不过是一个尊号,而非本名;而对于刘邦的母亲,司马迁连其姓氏也不知晓;就是刘邦本人所谓的以"季"为字,显然也是他的排行。由此来看,司马迁之所以如此记述刘邦的家世,实在是由于刘邦乃起于闾巷,贫民家是不可能有什么家世记载的。同时,从另一个方面也可看出,至少到司马迁之时,关于刘汉为尧帝之后的神话尚未缔造出来。那么,上述《高帝纪赞》详列出的自尧以来的刘氏历代世系究竟是班固的一种杜撰,还是有所依据?我们的答案是:《高帝纪赞》所述刘氏世系并非班固凭空杜撰,而是依据《左传》的记载得来的。

《左传》涉及刘汉世系的记载主要有三处,即文公十三年、襄公二十四年和昭公二十九年。文公十三年的记载,主要是叙述了刘氏先人士会逃往秦国,晋人担心秦国重用士会,便设计将他骗回。后来,留在秦国的部分家眷就改以刘为氏了。也就是说,此处记载

---

[1]《史记》卷八,《高祖本纪》,中华书局1959年版。

第五章 班固史学思想的神意化倾向

主要是交代了刘氏的来历。襄公二十四年主要记载了士会之孙范宣子历数自己的世系情况:

> 宣子曰:"昔匄之祖,自虞以上,为陶唐氏,在夏为御龙氏,在商为豕韦氏,在周为唐杜氏,晋主夏盟为范氏,其是之谓乎?"

昭公二十九年的记载则主要是借晋史蔡墨答魏献子的话,而叙述了自刘氏先人刘累到成为范氏的过程:

> ……及有夏,孔甲扰于有帝,帝赐之乘龙,河、汉各二,各有雌雄。孔甲不能食,而未获豢龙氏。有陶唐氏既衰,其后有刘累,学扰龙于豢龙氏,以事孔甲,能饮食之。夏后嘉之,赐氏曰御龙,以更豕韦之后。龙一雌死,潜醢以食夏后。夏后飨之,既而使求之。惧而迁于鲁县,范氏其后也。

将班固《高帝纪赞》和《左传》上述三处记载加以比较则不难看出,《高帝纪赞》实际上就是对《左传》

三处记载作了一番糅合而已,只是又外加了刘向之说,补上了士会留秦一支从秦迁至魏再迁至丰的整个过程,而高祖正是出自该支。

值得注意的是,《左传》作为先秦著作,都已经有了详细的关于刘氏世系的记载,为何成书于西汉武帝时期的《史记》却并不知晓呢?按理,在那个重视叙述祖德的时代里,司马迁作为汉代的史臣,不可能无视《左传》关于当朝开国皇帝家世的记载,唯一合理的解释,便是司马迁当时所看到的《左传》并没有这些内容的记载。据清代今文学家的考证,流传于后世的《左传》,其实是经过西汉末年刘歆改头换面过后,从而带有浓厚的汉人学术色彩。清代今文学家的说法,固然带有不同学派间的偏见。如果因此而否定《左传》的学术价值,显然是不妥当的。但是,如果说经过刘歆所整理过的《左传》丝毫不带有汉人的痕迹,那也是不真实的。仅就上述《左传》所记三条关于刘氏家世的材料,我们认为确实存在着被刘歆添加进去的嫌疑。其一,如果先于《史记》成书的《左传》已经载记了刘氏世系,作为学识渊博的史家司马迁是不可能不知道的,因而也是在那个重视叙述祖德的时代不可能

第五章 班固史学思想的神意化倾向

不载记于《史记》之中的。也就是说,《史记·汉高祖本纪》没有"汉为尧后"的记载,这显然是一种违反常理的做法,合理的解释只能是此说当时尚未出现。其二,《左传》是经过刘歆整理过的先秦典籍,而刘歆是五德相生说的创立者。刘歆创立此说其中的一个重要目的,就是宣扬"汉为尧后以得火德"说。由此来看,刘歆借助整理《左传》的机会而编造出刘氏世系也不是没有可能的。其三,从先秦经书的记载来看,"汉为尧后"说仅见于《左传》和谶书,而并不见有其他经书的记载。对此,传古文的东汉经师贾逵说:

> 《五经》家皆无以证图谶明刘氏为尧后者,而《左氏》独有明文。《五经》家皆言颛顼代黄帝,而尧不得为火德。《左氏》以为少昊代黄帝,即图谶所谓帝宣也。如令尧不得为火,则汉不得为赤。其所发明,补益实多。[1]

贾逵说这段话的目的是褒奖《左传》"其所发明,

---

[1] 《后汉书》卷三十六,《郑范陈贾张列传》,中华书局1965年版。

补益实多"，无意间却透露出了一个重要信息，那就是除《左传》和图谶之外，其他经书皆无"汉为尧后"的记载。因此，与其说这是《左传》的发明，倒不如说这是刘歆的杜撰更符合情理。顾颉刚先生对此评论说："《左传》编于刘歆之手；图谶起于哀平之际：这一说的来源也就可想而知。"[1] 顾氏的意思是很明确的，他认为《左传》的"汉为尧后"说实乃刘歆所为，而非《左传》原有的内容。

通过以上分析我们知道，《汉书·高帝纪赞》关于"汉为尧后"之说的理论依据是《左传》，而《左传》论及"汉为尧后"的内容极有可能为西汉末年刘歆整理该书时所加。现在的问题是，我们姑且认定刘汉就是尧之后，可是，从上所述可知，尧的后裔有好几支，为何就只有丰地一支到刘邦时便兴汉了呢？对此，班固的解释是："汉承尧运，德祚已盛，断蛇著符，旗帜上赤，协于火德，自然之应，得天统矣。"这就是说，作为尧后的刘氏，到丰地一支刘邦时恰逢"德祚已盛"，该要承天命而王了。何以见得呢？"断蛇著符"便是

---

[1] 顾颉刚：《五德终始说下的政治和历史》，载《古史辨》（五），上海古籍出版社1982年版，第506页。

第五章 班固史学思想的神意化倾向

上天命汉兴起的符应。既然天命已显,故而刘邦倒秦灭项,建立汉朝,只不过是顺天命行事而已。

综上所述,班固通过作《典引》,依据五德相生理论,勾勒出了一个自伏羲氏而至刘汉的天命王权体系;通过作《高帝纪赞》,依据《左传》关于刘氏世系的论述,考究出了一个自唐尧至刘邦的刘氏家族世系。班固正是借助于这两个系统的建立,从而对刘汉皇朝的历史统绪作出了神意化的解释。班固《典引》所依据的五德相生说是来自刘歆的理论,如果我们设定《左传》所述刘氏世系乃刘歆所为的话,那么,《汉书·高帝纪赞》所考出的刘氏世系其实也是刘歆的一种编造。由此来看,班固赖以解说刘汉皇朝历史统绪的"汉为尧后"说,归根到底皆是来自刘歆的历史理论,只是他们用以解说的具体对象不同而已。当然,由于《汉书》为我国封建时代的"正史",它借助于"汉为尧后"说而对于汉朝统绪所作的神意解释所产生的影响自然更为深远。

二、对董仲舒天人感应论的继承与发扬

天人感应论作为一种系统的天人理论,是由西汉武帝时期的思想家董仲舒所构建的。自此以后,汉人凡言天人关系者,莫不受其思想影响,天人感应论因此遂成为汉代天人观的一种主流思潮。如果说班固关于"汉为尧后"的理论主要是来自刘歆的历史思想的话,那么他的天人感应思想则主要是吸取了董仲舒的思想。

首先,从《汉书·董仲舒传》的设立来看。我们知道,司马迁曾问学于董仲舒,而且推崇董仲舒,董仲舒的学术思想对他的影响可谓至深。然而,由于时代的局限,司马迁对于董仲舒学术之于汉代历史发展的影响还认识不够,故而《史记》并未给董仲舒单独立传。而班固尽管属于古文学派中人,可他"所学无常师""九流百家之言,无不穷究",[1] 实际上是一位博通今古的学者。也正因此,他对这位今文经学宗师

---

[1]《后汉书》卷四十上,《班彪列传》,中华书局1965年版。

的推崇甚至还要超过对司马迁。在《汉书·董仲舒传赞》中，班固列举了刘向、刘歆和刘向曾孙刘龚等人对董仲舒的评价，其中刘向的评价最高，认为董仲舒有"王佐之材"；而刘歆、刘龚则认为"仲舒遭汉承秦灭学之后，《六经》离析，下帷发愤，潜心大业，令后学者有所统壹，为群儒首"。他们的观点虽然有所出入，但都一致肯定了董仲舒儒学的正宗地位。三刘的观点当然也就是班固的观点。班固正是由于对董仲舒的学术地位有着充分的认识，从而将他从《儒林列传》中请出来单独立传。当然，班固推崇董仲舒，除了对其学术地位有着充分的认识之外，还因为董仲舒构建的天人感应论与班固本人的天人观是相一致的。《汉书·董仲舒传》与《史记·儒林列传》中的《董仲舒传》有一个重要区别，那就是《汉书》将集中体现董仲舒天人感应思想的《天人三策》完整地载入到传记当中，而《史记》却没有将此写进去。这当然不是司马迁的疏忽，之所以如此，只能从认识角度去作出说明。也就是说，班固之所以要全文载入，是因为他高度重视《天人三策》所宣扬的天人感应思想；司马迁未予载入，是因为《天人三策》的内容并不为司马迁所重视。

而班固之所以高度重视董仲舒的《天人三策》，主要原因有二：一是《天人三策》中的天人感应思想与班固的天人观是相通的，二是班固充分认识到了《天人三策》所宣扬的天人感应思想对西汉武帝以后整个思想界所产生的极其重要的影响。而司马迁由于受到时代因素的限制，则无法作出这种认识。应该说，班固如此高度重视《天人三策》，使我们完全有理由认为《天人三策》所阐发的天人感应思想其实就是班固本人的思想，班固只是借助于董仲舒的论述来表达自己的天人思想而已。

其次，从《汉书·五行志》的编撰来看。董仲舒天人感应论的一个重要思想内涵是灾异论，这一理论被西汉末年思想家刘向、刘歆等人作了进一步的宣扬。而集中反映班固灾异思想的《汉书·五行志》，正是通过大量载记董仲舒、刘向和刘歆等人的灾异理论，间杂着表述自己的灾异观点，从而加以编纂而成的。对此，班固在《五行志》中有一个系统说明：

> 汉兴，承秦灭学之后，景、武之世，董仲舒治《公羊春秋》，始推阴阳，为儒者宗。宣、元之

第五章 班固史学思想的神意化倾向

后,刘向治《谷梁春秋》,数其祸福,传以《洪范》,与仲舒错。至向子歆治《左氏传》,其《春秋》意亦已乖矣;言《五行传》,又颇不同。是以揽仲舒,别向、歆,传载眭孟、夏侯胜、京房、谷永、李寻之徒所陈行事,讫于王莽,举十二世,以传《春秋》,著于篇。[1]

在此,班固说刘向"与仲舒错",主要是就五德终始说而言的。我们知道,董仲舒的五德终始说是一种五行相生说,《春秋繁露》中也讲五行相生,但主要用于表示方位和气候,而不是指历史变易;而刘向的五德终始说,班固在《汉书·郊祀志赞》中肯定他与刘歆为五德相生说的创立者。其实,说刘向与刘歆一同创立五德相生说是不恰当的,其理由有二:一是从材料记载来看,认为五行相生之五德终始说为刘向、歆所创立,除去《汉书·郊祀志赞》外,只有抄袭《汉书》而成的荀悦的《汉纪·高祖纪》,并无其他旁证。而《汉书·律历志》却记载了一段耐人寻味的话,其曰:"至

---

[1]《汉书》卷二十七上,《五行志上》,中华书局1962年版。

孝成世，刘向总六历，列是非，作《五纪论》。向子歆究其微眇，作《三统历》及《谱》以说《春秋》，推法密要，故述焉。"刘向所作《五纪论》今已不传，我们无法知晓其具体思想。但是，就在这句话之后，颜师古注曰："自此以下，皆班氏所述刘歆之说也。"这就明确告诉人们，以下所述《三统历谱》的内容乃为刘歆的学说而非刘向的学说，而正是这部《三统历谱》之《世经》篇详细叙述了五德相生说。二是从《汉书·楚元王传》所反映的刘向思想倾向来看，他是一位既反对"异姓受命"，也反对同姓"更受命"的具有强烈刘氏正统观念的思想家，故而没有倡导这种服务于禅让制需要的系统的五德相生说的思想根基，至多只会发表一些禅让的见解，以此作为对西汉君主的警示而已，如果说"与仲舒错"的话，也只是仅此而已。由此来看，班固所谓刘向"与仲舒错"之说是缺乏依据的。相反，从班固《五行志》的引述来看，刘向和董仲舒的灾异理论倒是表现出了很大的相同性：他们不但都重视以灾异说政治，而且其灾异理论在大多数问题上的看法上是相互一致的，只是刘向更加重视将一切政事都与灾异相结合，从而表现出作为衰世时期的思想家所特

第五章　班固史学思想的神意化倾向

有的一种强烈的忧患意识。不过，班固在肯定刘向、歆父子都持五德相生说的同时，却也指出他们在灾异论上"颇不同"，他作《五行志》，其中一个目的便是"别向、歆"。而刘向、刘歆在灾异论上的主要区别则是：刘向言灾异以反对外戚专权，维护刘氏正统为旨趣；而刘歆的灾异论则正统观念淡薄，言灾异而往往不与政治相结合。在这段话的最后，班固还提出了要对董仲舒、刘向、刘歆之外的汉代灾异家如眭孟、夏侯胜、京房、谷永、李寻等人的各种灾异理论作出"传载"。由此来看，班固的《五行志》是通过"揽仲舒""别向、歆"和"传载"汉代众家灾异论而得以撰成的，而正是在这种"揽""别"和"传载"的过程中，班固对自己的灾异思想作出了表述。毫无疑问，《五行志》这种注重借助于论述他人的灾异理论来表达自己的灾异思想的做法，正是班固阐发其天人感应思想的一个显著特点。

最后，从《白虎通》所宣扬的天人理论来看。建初四年（79年），汉章帝接受杨终的建议，召开了以统一经义为目的的白虎观会议。班固根据会议结果，奉旨编撰成《白虎通》一书。《白虎通》涉及的内容非常广泛，包括社会、礼仪、国家制度、伦理道德和风俗习惯等诸方面的内容。而反映的经学观点，则既有今文家的，也有古文家的，还有谶纬家的，其中尤以今文家的观点居多。由于《白虎通》是奉旨依据会议结果而撰成的，故而不能将之完全看作是班固个人的经学观点，但又不能说与班固的经学思想无关，作为编撰者，《白虎通》肯定是打上了班固的思想烙印的。综观《白虎通》一书，它的天人理论主要表现在以下几个方面：一是对君主的神化。任继愈说："《白虎通》不可能像黑格尔那样，用精致的哲学概念把君主说成理念的真正化身，但是，把君主说成真正的神人，从当时的思想发展状况来看，却比黑格尔有更为方便的条件。"[1]这里所说的"更为方便的条件"，是指神学化的经学和谶纬神学长期以来对君权的神话，从而为《白虎通》神话君权提供了充分的依据。也正是由于长期以来对君权的神话，从而使《白虎通》无须通过逻辑论证，便可将君主抬高到神的位置。如《爵》篇说："爵所以称天子者何？王者父天母地，为天之子也。"《瑞

---

[1] 任继愈：《中国哲学发展史（秦汉）》，人民出版社1985年版，第494页。

第五章 班固史学思想的神意化倾向

贽》篇说:"受命之君,天之所兴,四方莫敢违,夷狄咸率服。"

二是宣扬天人感应论。《白虎通》所言天人感应,其实就是指上天与君主的相互感应。这种感应的具体体现是:天降符瑞,这是褒奖君主的治国;天降灾异,这是对君主失政所作的警告。所以《白虎通》说:"天下太平,符瑞所以来至者,以为王者承天统理,调和阴阳,阴阳和,万物序,休气充塞,故符瑞并臻,皆应德而至。"[1] 反之,"天所以有灾变何?所以谴告人君,觉悟其行,欲令悔过修德,深思虑也"[2]。《白虎通》的天人感应思想显然是与董仲舒的天人感应思想一脉相承的。

三是对三纲五常的神化。在《白虎通》看来,君主的统治要取法于天,国家制度要取法于天,同样,作为社会政治准则和伦理规范的三纲五常,也要取法于天。对于三纲五常的神化,始于董仲舒。董仲舒是"始推阴阳"者,在他看来,社会治理中的君臣、父子和夫妇关系的建立,都是取法于阴阳五行的结果,因而

---

[1] 班固:《白虎通》卷六,《封禅》,陈立疏证本,中华书局1994年版。
[2] 班固:《白虎通》卷六,《灾变》,陈立疏证本,中华书局1994年版。

三纲五常是"百王不易之道"。而纬书对此的解说更为直截了当,《春秋纬·感精符》说:"三纲之义,日为君,月为臣也。"而《乐纬·稽耀嘉》说:"君臣之义生于金,父子之仁生于木,兄弟之序生于火,夫妇之别生于水,朋友之信生于土。"《白虎通》神化三纲五常的理论基本上是承袭于董仲舒和谶纬学说的,但在具体说法上有所改变,如他将五行配为二阳三阴:火为阳,水为阴,共成一对;木为少阳,金为少阴,共成一对;而土,为最大之阴。《白虎通》又将土这一最大之阴与天这一最大之阳配成一对,于是又成为三阳三阴。在三阴三阳中,所奉行的原则是阳尊阴卑。[1]这三阳三阴相配,则与人间的君臣、父子、夫妇相对应。在《白虎通》看来,有了这种对应关系,似乎更易于解说三纲五常之间的关系。故而《三纲六纪》篇说:"君臣、父子、夫妇,六人也,所以称三纲何?一阴一阳谓之道,阳得阴而成,阴得阳而序,刚柔相配,故六人为三纲。"

综上所述可知,《白虎通》神学化的天人观之中心旨意是:神化"君臣之正义"和"父子之纪纲"。任继

---

[1] 参见班固《白虎通》卷四,《五行》,陈立疏证本,中华书局1994年版。

第五章 班固史学思想的神意化倾向

愈认为:"就'君臣之正义'和'父子之纪纲'这两条来说,《白虎通》比董仲舒强调得更为严峻,就对这两条的论证来说,《白虎通》的神学色彩比董仲舒更为浓厚。"[1] 由此来看,《白虎通》不但继承了董仲舒的神意思想,而且还发展了董仲舒的神意思想。

值得注意的是,班固出于"宣汉"的需要,而对神意史观作了宣扬。但是,我们却不能因此而否定《汉书》重人事的思想。实际上,"班固的历史观本身包含两重的因素,其主导的方面无疑是神意的史观,但是这种神意的史观包含重视人事的思想"[2]。而班固历史观之两重因素,正是中国封建史学二重性的一种体现。

---

[1] 仼继愈:《中国哲学发展史(秦汉)》,人民出版社1985年版,第472页。
[2] 吴怀祺:《中国史学思想史》,安徽人民出版社1996年版,第101页。

第六章　何休的人事与灾异之"二类"说

"二类",是东汉末年思想家、公羊巨子何休归纳和阐发的《春秋》诸义例之一种。何休说:"《春秋》五始、三科九旨、七等、六辅、二类之义,以矫枉拨乱为受命品道之端,正德之纪也。"[1] 由此可见,"二类"与"五始""三科九旨""七等""六辅"诸说一样,都是何休从《春秋》一书中归纳和阐发出的基本义例,从而也都是何休学术思想体系的重要组成部分。而"二类者,人事与灾异是也"[2]。故而"二类"说是何休关于

---

[1] 何休:《春秋公羊文谥例》,转引自徐彦《春秋公羊传注疏》卷首语,上海古籍出版社1990年版。
[2] 何休:《春秋公羊文谥例》,转引自徐彦《春秋公羊传注疏》卷首语,上海古籍出版社1990年版。

第六章 何休的人事与灾异之"二类"说

天人关系的一种学说,是其天人观的一种表述形式。

一、"二类"说的理论渊源和时代因素

何休的"二类"说是通过对《春秋》的归纳和阐发而提出的,因此,《春秋》重灾异而尽人事的思想无疑是这一学说的重要理论渊源。重视对灾异的记载,是《春秋》的重要特点之一。《春秋》所记灾异之事多达122条,大到山崩地裂,小至霜不杀草,都事无巨细地一一加以记录。如此不厌其烦地细书灾异之事,这固然是史家纪实手法的一种体现,而更为重要的则是孔子"畏天命"思想的一种反映。《论语·季氏》曰:"君子有三畏:畏天命,畏大人,畏圣人之言。"在孔子看来,天命、大人和圣人是三位一体的,大人代天行事,圣人代天立言,故而君子有此三畏。而天命之所以可畏,是因为天命具有不可违抗性。孔子认为,人若违抗天命,天必降下灾异,以此对人进行告诫甚或惩罚。为了避免得到上天的惩罚,人们就应该要敬畏天命、顺从天命。《论语·八佾》明确指出:"获罪于天,无所祷也。"但是,孔子宣传"畏天命"思想,并不只

是要借天威以儆人，他主要的还是强调在人事活动中，人们应该要谨慎地、自觉地去体认天命。正因此，《春秋》虽然不厌其烦地细书灾异之事，却极少明言灾异感应于何事；它承认人事能上感于天，却并未对天人感应作过多的宣扬，更没有对天人何以能相互感应作出理论说明。因此，孔子的天人观实际上既有"畏天命"的一面，更有"尽人事"的一面。他要人们在敬畏天命、体察天命的前提下，积极有为地去"尽人事"。实际上，孔子一身行事被人讽刺为"知其不可而为之"[1]，便恰恰是这种"尽人事"思想的一个最好的注脚。

何休"二类"说的提出，也与公羊先师董仲舒的天人感应论的影响分不开。如上所述，《春秋》只言灾异，而鲜谈感应。其重人事的思想应该肯定，但是，作为一种天人理论，却只是半截子，既不系统，也缺乏理论论证。董仲舒作为汉代"儒者宗"，他在承继《春秋》重灾异而尽人事思想的同时，构建了一套系统的天人感应理论体系。董仲舒天人感应论的逻辑起点或理论前提是天有意志。董仲舒认为，天人之间存在着

---

[1] 《论语·宪问》，中华书局诸子集成本 1954 年版。

第六章 何休的人事与灾异之"二类"说

一种授受关系,人受命于天,上天赋予人以形体、性情和道德。他说,"人之形体,化天数而成;人之血气,化天志而仁;人之德行,化天理而义。人之好恶,化天之暖清;人之喜怒,化天之寒暑;人之受命,化天之四时,"[1] 并由此而提出了一套系统的人副天数说。在董仲舒看来,正是由于天有意志,天人同类,人副天数,因此,天人之间才能够相互感应。董仲舒还进一步指出,天人感应的表现形式则是上天通过布祥降灾,以对人事作出回应,这叫作天人谴告。在董仲舒看来,只有君主积善累德,天下归心,才能有祥瑞符命出现;反之,如果君主残贼良民,则必然会阴阳失调、妖孽滋生。董仲舒认为,孔子作《春秋》之所以要大书各种灾异,是要以此见悖乱之征,以垂训后世。所以他说:"故书日蚀、星陨、有蜮、山崩、地震、夏大雨水、冬大雨雹、陨霜不杀草、自正月不雨至于秋七月、有鹳鹆来巢,《春秋》异之,以此见悖乱之征。"[2]

---

[1] 董仲舒:《春秋繁露》卷第十一,《为仁者天》,苏舆义证本,中华书局1992年版。
[2] 董仲舒:《春秋繁露》卷第六,《二端》,苏舆义证本,中华书局1992年版。

董仲舒还对灾与异进行了认真分辨。他认为灾是指灾害，异是指怪异，二者有轻重之分，"灾者，天之谴也；异者，天之威也。谴之而不知，乃畏之以威。……国家之失乃始萌芽，而天出灾害以谴告之；谴告之而不知变，乃见怪异以惊骇之；惊骇之尚不知畏恐，其殃咎乃至。以此见天意之仁而不欲陷人也"[1]。可以说，侈谈灾异，是董仲舒儒学的重要特点。对此，史家是有评说的，如司马迁就说董仲舒"以《春秋》灾异之变推阴阳所以错行"[2]。班固也说："董仲舒治《公羊春秋》，始推阴阳，为儒者宗。"[3] 董仲舒的天人感应论不但津津乐道于天人之间的种种感应现象，而且还重视对天人之间何以能相互感应的具体原因作出理论解说。应该说，董仲舒的天人感应理论的建立，表明《春秋》的灾异思想至此已经发展成为一种系统的、富有理论色彩的学说。但是，从本质而言，董仲舒的天人感应论也是"言天道而归于人事"，因而是与《春秋》"重

---

[1] 董仲舒：《春秋繁露》卷第八，《必仁且智》，苏舆义证本，中华书局1992年版。
[2] 《史记》卷一二一，《儒林列传》，中华书局1959年版。
[3] 《汉书》卷二十七上，《五行志》，中华书局1962年版。

第六章 何休的人事与灾异之"二类"说

人事"思想相一致的。

何休的"二类"说,还深深打上了东汉社会普遍重视援引谶纬以说灾异的时代烙印。所谓谶纬,前人说法不尽相同,有分而言之者,也有合而言之者。如《四库全书总目提要》即分而言之:"儒者多称谶纬,其实谶自谶,纬自纬,非一类也。谶者诡为隐语,预决吉凶……纬者经之支流,衍及旁义。"[1] 而顾颉刚先生则合而言之:"谶,是预言。纬,是对经而立的……这两种在名称上好像不同,其实内容并没有什么大区别。实在说来,不过谶是先起之名,纬是后起的罢了。"[2] 二说当以合而言之为中肯,它更符合谶纬之学流传的实际情况。西汉末年,儒家的灾异学说出现了一个重要现象,那就是灾异与谶纬的合流。之所以会出现这种现象,从根本上说还是西汉中后期灾异之说本身泛滥的一种必然结果。对于自董仲舒以来的西汉学者(尤其公羊家)普遍都好言灾异的情况,史家班固有一个总体说明:"汉兴推阴阳言灾异者,孝武时有董仲舒、

---

[1] 纪昀:《四库全书总目提要》卷六,《易》类六《易纬》按语,河北人民出版社 2000 年版。

[2] 顾颉刚:《汉代学术史略》,东方出版社 1996 年版,第 116 页。

夏侯始昌,昭、宣则眭孟、夏侯胜,元、成则京房、翼奉、刘向、谷永,哀、平则李寻、田终术。此其纳说时君著明者也。"[1]而社会好言灾异之风的日益兴盛,自然会使这一学说越发变得神秘,以致最终走向了与谶纬的合流。对此,清人刘师培有评说,他认为"周秦以还,图箓遗文渐与儒道两家相杂。入道家者为符箓;入儒家者为谶纬。董(董仲舒)、刘(刘向)大儒,竞言灾异,实为谶纬之滥觞"[2]。这种说法是符合实际情况的。西汉末年开始出现的援引谶纬以说灾异的现象,到了东汉遂成为一种时代风气。考察这种时代风气形成的原因,一方面自然是灾异说进一步泛滥的结果,而更为重要的则是东汉最高统治者对谶纬之学大力提倡所致。东汉建国后,光武帝于中元元年(56年)"宣布图谶于天下";汉章帝时,编成《白虎通》一书,以"法典"和"国宪"的形式确立了谶纬之学在意识形态的地位,东汉谶纬之学由此而成为一种显学和时学。从理论自身而言,东汉灾异之学与谶纬之学的合流,

---

[1] 《汉书》卷七十五,《眭两夏侯京翼李传赞》,中华书局1962年版。
[2] 刘师培:《刘师培全集》第一册,中共中央党校出版社1997年版,第481页。

第六章 何休的人事与灾异之"二类"说

无疑使传统灾异学理论在变得更为精致的同时,其荒诞性也因此而至极致。不过,"神道设教"是传统灾异学的应有之义,对此,与谶纬合流的东汉灾异学也未例外。这一时期的灾异之学虽然援引谶纬,荒诞不经,可是这种神学性的强化,却并没有背离"神道设教"这一传统宗旨。清人皮锡瑞就明确认为"此《春秋》以元统天,以天统君之义,亦《易》神道设教之旨"[1]。由此来看,东汉援引谶纬之灾异说仍然还是"言天道而归于人道"的。

二、"二类"说的思想内涵

在先儒特别是以董仲舒为代表的公羊家言灾异而重人事的思想传统和东汉社会普遍援引谶纬以说灾异的时代风气的共同影响下,何休的"人事与灾异"之"二类"说在对先儒(主要是公羊家)天人观作出继承的同时,也呈现出了一些与之不尽相同的理论品格或特征。概言之,何休"二类"说的具体内含主要有以

---

[1] 皮锡瑞:《经学历史》,中华书局1959年版,第106页。

下几个方面：

首先，何休继承和发展了公羊家重视分辨灾异的思想。何休认为，"灾"与"异"是两个既有紧密联系又有明显区别的概念。它们的区别，一是表现在它们各自的内蕴之义并不相同。"灾者，有害于人物随事而至。"[1]像大水、大旱、地震、山崩等即属此类。而"异者，非常可怪先事而至者。"[2]像日食、星孛、星陨、六鹢退飞等即属此类。二是表现在它们的轻重也不相同。《公羊传》和董仲舒都认为"异大乎灾也"。何休赞成《传》文和公羊先师董仲舒的说法，并进一步发挥其义说："异者，所以为人戒也。重异不重灾，君子所以贵教化而贱刑罚也。"[3]在此，何休将异与灾的关系比喻作德与刑的关系。在何休看来，与刑罚相比，道德教化更为重要。他的这种德治观显然是承继了先师董仲舒的德主刑辅说，只是他创造性地将此用来解

---

[1] 何休：《春秋公羊传解诂·隐公五年》，徐彦注疏本，上海古籍出版社1990年版。

[2] 何休：《春秋公羊传解诂·隐公三年》，徐彦注疏本，上海古籍出版社1990年版。

[3] 何休：《春秋公羊传解诂·定公元年》，徐彦注疏本，上海古籍出版社1990年版。

第六章 何休的人事与灾异之"二类"说

说灾与异之间的关系,这无疑是何休的一种发明。同时,"灾"与"异"又是密不可分的一对范畴。在今天的人们看来,无论是灾还是异,它们都是一种自然现象,完全可以给予科学的解释。但是,古代的人们却把天降灾异看作是上天意志的一种表现,是上天对人事不满的一种反映,因而往往将它们合在一起,称其为"灾异"。正是基于这样一种认识,人们总是对天降灾异会普遍地感到一种莫名的惊恐和震动,并因此而认真地反省人事的得失。

其次,何休赋予《春秋》与《公羊传》以大量的天人感应之义,对先儒言灾异而重人事的思想作了重要发展。《春秋》重灾异是人所共知的,而何休的《春秋公羊传解诂》重灾异则更是大有过之。据统计,该书所记灾异总数不下300余条。此举数例如下:

> 僖公十五年,《春秋》记曰:"己卯,晦,震夷伯之庙。"《传》文曰:"晦者何?冥也。震之者何?雷电击夷伯之庙者也。夷伯者曷为者也?季氏之孚也。季氏之孚则微者,其称夷伯何?大之也。曷为大之?天戒之,故大之也。何以书?记

异也。"《解诂》释曰:"明此非但为微者异,乃公家之至戒。故尊大之,使称字,过于大夫以起之,所以畏天命。此象桓公德衰,强楚以邪胜正。僖公蔽于季氏,季氏蔽于陪臣。陪臣见信得权,僭立大夫庙。天意若曰:蔽公室者,是人也,当去之。"

文公三年,《春秋》记曰:"秋,楚人围江,雨螽于宋。"《传》曰:"雨螽者何?死而坠也。何以书?记异也。外异不书,此何以书?为王者之后记异也。"《解诂》释曰:"螽,犹众也。众死而坠者,群臣将争强相残贼之象。是后大臣比争斗相杀,司城惊逃,子哀奔亡,国家廓然无人,朝廷久空。盖由三世内娶,贵近妃族,祸自上下,故异之云尔。"

哀公四年,《春秋》记曰:"六月辛丑,蒲社灾。"《传》曰:"蒲社者何?亡国之社也。社者,封也,其言灾何?亡国之社,盖掩之,掩其上而柴其下。蒲社灾何以书?记灾也。"《解诂》释曰:"戒社者,先王所以威示教戒诸侯,使事上也。灾者,象诸侯背天子。是后宋事强吴,齐、晋前驱,滕、薛侠毂,鲁、卫骖乘。故天去戒社,若曰王教灭绝

第六章 何休的人事与灾异之"二类"说

云尔。"

从上引诸例可知,何休所言灾异,皆以人事说之。在他看来,大凡天降灾异,必与人事相关。换言之,正是人间的恶行恶事,才招引了天降灾异。《解诂》的"天意若曰",其实就是在告诉统治者一定要实行王道政治,戒除一切恶行恶事,以避免激怒上天,招致灾异的降临。

值得注意的是,《解诂》所言灾异之义,很多并不是《春秋》和《公羊传》的原意,而是何休自己的一种理解或发挥。如隐公三年春二月,《春秋》记曰:"己巳,日有食之。"对此,《传》文只是说:"何以书?记异也。"它并没有对人事作出什么预示。而何休的解说却赋予了此次日食之异以人事活动之征兆。他说:"异者,非常可怪先事而至者。是后卫州吁弑其君完,诸侯初僭,鲁隐系获,公子翚进谄谋。"又如桓公五年,《春秋》记曰:"大雩。"《传》文曰:"大雩者何?旱祭也。然则何以不言旱?言雩则旱见,言旱则雩不见。何以书?记灾也。"然而,何休却据此大加发挥道:"旱者,正教不施之应。先是,桓公无王行,比为天子所聘,得志益骄，去国远狩，大城祝丘，故致此旱。"很显然，何休赋予了《经》《传》之文以天人感应大义。再如文公九年，《春秋》记曰："九月癸酉，地震。"《传》文说："地震者何？动地也。何以书？记异也。"《传》文的解释是很浅显易懂的。但是，何休却从中引申出了天人感应大义："天动地静者常。地动者，象阴为阳行。是时，鲁文公制于公子遂，齐、晋失道，四方叛德，星孛之萌自此而作，故下与北斗之变所感同也。不传天下异者，从王内录可知。"

更有甚者，《公羊传》对《春秋》所记某些灾异并未作文解释，而何休却完全根据己意肆意进行解说。如僖公五年，《春秋》记曰："九月戊申，朔，日有食之。"《传》无文，而《解诂》释曰："此象齐桓德衰，是后楚遂背叛，狄伐晋灭温，晋里克比弑其二君。"又如昭公二十三年，《春秋》记曰："八月乙未，地震。"《传》无文，《解诂》释曰："是时，猛、朝更起，与王争入。遂至数年，晋陵周境，吴败六国，季氏逐昭公，吴光弑僚灭徐。故日至三食，地为再动。"上述《解诂》关于《经》文所记灾异的解释，并没有《传》文作为依据，它完全是何休的一种主观见解。

第六章 何休的人事与灾异之"二类"说

很显然,上述何休对《春秋》与《公羊传》记述灾异所作的解说和发挥,旨在强调有意志的天是会随时随地对人间的善恶作出回应和仲裁的,因此,人们对任何灾异现象的出现都必须引起高度的警觉,以便及时反省自己的行为。有鉴于此,何休一再告诫人们说:"明天人相与报应之际,不可不察其意。"[1]由此来看,何休的灾异论,其实完全是在论人事。他对《春秋》经、传赋予大量的天人感应之义,无疑是对先儒言灾异而重视人事思想的一个重要发展。

最后,何休还继承和发扬了东汉社会普遍重视援引谶纬以说灾异的传统,致使其"二类"说比其公羊先师们的天人理论更具有一种浓厚的谶纬色彩。前已述及,援引谶纬以说灾异的传统始自西汉末年,盛于东汉时期。作为东汉末年的思想家,何休自然不可能逃离于时代好言谶纬的风气之外。正因此,他的灾异说有着浓厚的谶纬色彩也就不足为怪了。如《春秋》所记哀公十四年"西狩获麟",这是经学史上的一件大事。对此,《左传》只是将它当作一件异事加以记载,

---

[1] 何休:《春秋公羊传解诂·宣公三年》,徐彦注疏本,上海古籍出版社1990年版。

其曰:"十四年春,西狩于大野,叔孙氏之车子锄商获麟,以为不祥,以赐虞人。仲尼观之,曰:'麟也。'然后取之。"显然,《左传》使用的是一种纪实手法。《公羊传》则赋予了"西狩获麟"以新意:

> 何以书?记异也。何异尔?非中国之兽也。然则孰狩之?薪采者也。薪采者,则微者也,曷为以狩言之?大之也。曷为大之?为获麟大之也。曷为为获麟大之?麟者,仁兽也。有王者则至,无王者则不至。有以告者曰:"有麇而角者。"孔子曰:"孰为来哉?孰为来哉?"反袂拭面,涕沾袍。颜渊死,子曰:"噫,天丧予!"子路死,子曰:"噫,天祝予!"西狩获麟,孔子曰:"吾道穷矣!"

与《左传》相比,《公羊传》所赋予的新意:一是将获麟人由"叔孙氏之车子锄商"改为"薪采者",以"薪采者"之微,凸显获麟之事的重大;二是明确认为麟为"王者至"之瑞物,而现实却是王室衰微,礼崩乐坏,所以孔子见麟流泪。当然,这里还有一种隐含之义,那就是孔子为应天降祥瑞,而著《春秋》,以当

第六章　何休的人事与灾异之"二类"说

一王之法。何休释"西狩获麟"一事，则在《公羊传》的基础上作了进一步的发挥。《解诂》在《传》文"反袂拭面，涕沾袍"句下注曰：

> 《夫子素案图录》：知庶圣刘季当代周。见薪采者获麟，知为其出何者。麟者，木精。薪采者，庶人然火之意。此赤帝将代周，居其位，故麟为薪采者所执。西狩获之者，从东方王于西也。东卯西，金象也。言获者，兵戈文也。言汉姓卯金刀，以兵得天下。不地者，天下异也。又先是，蠡冬踊，彗金精扫且，置新之象。夫子知其将有六国争强，纵横相灭之败。秦、项驱除，积骨流血之虐，然后刘氏乃帝。深闵民之罹害甚久，故豫泣也。

上述何休关于"西狩获麟"的解释，已经与《公羊传》的说法大不相同了。其一，《公羊传》只是说"西狩获麟"为"王者之至"之瑞，并未明说王者是谁，只是隐含有孔子作《春秋》以当一王之法之义；何休则采用纬书《夫子素案图录》的说法，明确认为孔子以此为"庶圣刘季当代周"之端。其二，《公羊传》言"薪采者"获麟，只是运用了以小见大的手法，并无深意；何休则运用阴阳五行学说对"薪采者"作了阐释，认为这是汉之木德取代周之火德之象，所以执麟者必须是"薪采者"。其三，《公羊传》认为孔子见麟会"反袂拭面，涕沾袍"，是因为他伤感于天下无道；而何休则认为孔子知道刘季代周只能以兵得天下，他是为天下百姓将要遭受生灵涂炭厄运而伤心流泪。很显然，由于何休在此援引了谶纬以说灾异，从而使得"西狩获麟"之内蕴变得更加神秘难晓了。

《公羊传》在对"西狩获麟"解释之后，又对孔子为何要作《春秋》作了说明。《传》曰："君子曷为为《春秋》？拨乱世，反诸正，莫近诸《春秋》。"如果联系到前面《传》文对"西狩获麟"的解释所隐含的《春秋》当一王之法之义，我们不难看出，孔子作《春秋》，就是要立定一种王道政治，以为后世所效法。正如《传》文最后所说的，孔子是要"制《春秋》之义，以俟后圣"。然而，何休在解释《传》文"拨乱世，反诸正，莫近诸《春秋》"时，则借用了纬书的说法，对《传》文肆意进行发挥。《解诂》说：

第六章　何休的人事与灾异之"二类"说

> 得麟之后，天下血书鲁端门曰："趋作法，孔圣没，周姬亡，彗东出。秦政起，胡破术。书记散，孔不绝。"子夏明日往视之，血书飞为赤鸟，化为白书，署曰《演孔图》，中有作图制法之状。孔子仰推天命，俯察时变，却观未来，豫解无穷。知汉当继大乱之后，故作拨乱之法以授之。

这段话大意与解《传》文"反袂拭面，涕沾袍"句所言之义相近，认为孔子作《春秋》是代汉作法。所不同的是，何休在此更加无所顾忌地恣意援引谶纬之说。所谓端门、赤鸟之说，只是谶纬家所伪造，纯系一种荒诞不经之无稽之谈；而孔子经过谶纬家的描绘后，已经完全失去了人的面貌，而变成地地道道的神了。何休作为东汉大儒，竟然采用谶纬家如此荒诞之说来解说儒经，由此可见，他的灾异理论已经具有了浓厚的谶纬色彩。

三、"二类"说内蕴的积极因素

何休的"二类"说，如果仅从理论表述形式而言，由于大量援引了谶纬之说，故而比起董仲舒等先儒的天人感应论而言，显得更为荒诞而又神秘。毋庸讳言，这种带有浓厚谶纬色彩的灾异理论，实际上是将儒家的天人观引向了更为神秘的歧途上了。从这个角度而言，传统儒家的天人观实际上是倒退了。但是，如果我们透过何休"二类"说之带有浓厚谶纬色彩的神秘主义的表象，这一学说其实是内蕴有很多积极的、合理的因素的。

首先，"二类"说承继了董仲舒等先儒"言天道而归于人道"的传统，旨在借助于灾异与人事的关系，阐明人的行为与历史现实之间的因果关系。何休之所以将人事与灾异对举，将它看作为《春秋》大义之一，显然是他看到了人事与灾异之间存在着密不可分的联系。而他"人事与灾异"之"二类"说的哲理基础，无疑便是他的"元"论。何休认为，天人之所以有着密不可分的关系，是因为天与人都同源于"元"，而"元者，气也。无形以起，有形以分，造起天地，天地之始也"[1]。这就是说，天人同源于"元"，实际上就是同

---

[1] 何休：《春秋公羊传解诂·隐公元年》，徐彦注疏本，上海古籍出版社1990年版。

第六章 何休的人事与灾异之"二类"说

存于共同的气化宇宙之中。这就从形上高度论证了天人之所以能相互感应的原因。以此为逻辑起点，何休又进一步论证了天降灾异的原因。何休认为，灾异现象的出现，是由于人类的邪气破坏了纯正和谐的气化之宇宙。当然，这里所为人类的邪气，主要是指统治者种种违背王道政治的行为。在何休看来，人类的邪气可以破坏宇宙的和谐之气，而共存于气化之中的上天却是最终的主宰者，它要对人类的邪气进行仲裁，作出回应，这种回应的物化现象便是灾异。《春秋公羊传解诂》一书以大量的历史事实对各种灾异现象进行解说，其实都是从历史的角度、以具体的事例对天人感应现象作出历史的论证与解说，其根本目的是说明人类的行为对于人类的历史是负有不可推卸的责任的。蒋庆说："现代中国人受黑格尔思想的影响甚深，认为历史是一客观的逻辑过程，有其发展的必然规律。黑格尔的这一历史决定论思想否定了人类行为与历史现实之间的联系，把历史现实看作是客观理性的必然结果，不承认人类行为对历史现实负有道德上的责任。这样，历史中的罪恶可以轻而易举地归咎于客观的历史理性，人可以不负任何责任，并且还可以借历史理性为自己的罪责开脱。公羊家天人感应说认为人类行为与历史现实之间具有因果关系，正可以对治这种危害中国深深的时代思潮。"[1] 蒋氏这一说法是有一定道理的。我们承认历史的发展有其必然规律，但我们也确实不可否认人类行为对历史的发展有着重要的影响。何休"二类"说强调灾异因人事而至，人类的行为与历史现实之间存在着因果关系，无疑是具有合理因素的。

其次，"二类"说的目的是借助天的意志对人类历史与现实政治作出批判，旨在建立一种和谐的政治历史秩序。何休肯定天人同源于"气"，天人可以相互感应；认为天降灾异是人类（主要是统治者）的行为破坏了宇宙间和谐之气，也就是说，是人类的不良行为招致了天降灾异。以此为逻辑起点，何休进而认为，天降灾异不只是对人类的不良行为作出惩罚，更是对人类作出警示。惩罚只是针对过去，而警示则是劝谕未来。灾异论的根本目的是要统治者通过反省过去招致灾异降临的种种行为，以便改弦易辙，努力实现王道

---

[1] 蒋庆:《公羊学引论》，辽宁教育出版社 1995 年版，第 219 页。

第六章 何休的人事与灾异之"二类"说

政治的理想。

那么,何休为何要借助于神学的力量来批判历史与现实政治呢?原因有二:其一,东汉时代是一个神学迷信泛滥的时代,而神学迷信之所以能泛滥,是因为它已被当时的人们所普遍信仰。何休重视言灾异而援引谶纬,这就使得传统灾异说的神学性被更加强化了,它在使得学说本身更加荒诞离奇的同时,也使得这一学说更加神秘和精致,从而使得这一学说更能够迎合当时时代的要求,而为人们所信服。其二,对历史与现实政治的批判,其实就是对君主的批判。而在封建社会里,君主的地位是至高无上的,人间的任何一种力量都无法承当起对君主进行批判的任务,于是就不得不借助于超人间的力量,那就是天的力量。正如清人皮锡瑞所说的那样,"当时儒者以为人主至尊,无所畏惮,借天象以示儆,庶使其君有失德者犹知恐惧修省。此《春秋》以元统天,以天统君之义,亦《易》神道设教之旨。汉儒藉此以匡正其主。……后世不明此义,谓汉儒不应言灾异,引谶纬,于是天变不足畏之说出矣"[1]。从汉代政治实际批判效果来看,儒家所鼓吹的灾异说对当时的统治者确实起到了一定的威慑作用。

---

[1] 皮锡瑞:《经学历史》,中华书局1959年版,第106页。

参考书目

一、古代典籍

[1] 《论语》,北京,诸子集成本,中华书局1954年版。

[2] 《墨子》,北京,诸子集成本,中华书局1954年版。

[3] 《荀子》,北京,诸子集成本,中华书局1954年版。

[4] 《左传》,北京,中华书局1981年版。

[5] 陆贾:《新语》,王利器校注本,北京,中华书局1986年版。

[6] 刘安:《淮南鸿烈》,刘文典集解本,北京,中华书局1989年版。

[7] 董仲舒:《春秋繁露》,苏舆义证本,北京,中华书局1992年版。

[8] 司马迁:《史记》,北京,中华书局1959年版。

[9] 桓宽:《盐铁论》,北京,中华书局1985年版。

[10] 王充:《论衡》,黄晖校释本,北京,中华书局1990年版。

[11] 班固:《汉书》,北京,中华书局1962年版。

[12] 班固:《白虎通》,陈立疏证本,北京,中华书局1994年版。

[13] 王符:《潜夫论》,长沙,岳麓书社2008年版。

[14] 何休:《春秋公羊传解诂》,徐彦注疏本,上海,上海古籍出版社1990年版。

[15] 荀悦:《汉纪》,北京,中华书局2002年版。

[16] 荀悦:《申鉴》,上海,上海古籍出版社1990年版。

[17] 范晔:《后汉书》,北京,中华书局1965年版。

[18] 房玄龄等:《晋书》,北京,中华书局1974年版。

[19] 纪昀:《四库全书总目提要》,石家庄,河北人民出版社2000年版。

[20] 严可均辑:《全汉文》,北京,中华书局1958年版。

二、近现代著作

[21] 皮锡瑞:《经学历史》,北京,中华书局1959年版。

[22] 皮锡瑞:《经学通论》,北京,中华书局1954年版。

[23] 刘师培:《刘师培全集》,北京,中共中央党校出版社1997年版。

[24] 顾颉刚:《古史辨》(五),上海,上海古籍出版社1982年版。

[25] 顾颉刚:《汉代学术史略》,北京,东方出版社1996年版。

[26] 吕思勉:《秦汉史》,上海,上海古籍出版社2005年版。

[27] 徐复观:《两汉思想史》,台北,台湾学生书局1997年版。

[28] 白寿彝:《中国史学史论集》,北京,中华书局1999年版。

[29] 任继愈:《中国哲学发展史(秦汉)》,北京,人民出版社1985年版。

[30] 汤志钧:《西汉经学与政治》,上海,上海古籍

出版社1994年版。

[31] 吴雁南:《中国经学史》,福州,福建人民出版社2001年版。

[32] 朱维铮编:《周予同经学史论著选集》,上海,上海人民出版社1996年版。

[33] 吴怀祺:《中国史学思想史》,合肥,安徽人民出版社1996年版。

[34] 陈其泰、赵永春:《班固评传》,南京,南京大学出版社2002年版。

[35] 周桂钿:《秦汉思想史》,石家庄,河北人民出版社2000年版。

[36] 王永祥:《董仲舒评传》,南京,南京大学出版社1995年版。

[37] 王葆玹:《今古文经学新论》,北京,中国社会科学出版社1997年版。

[38] 黄朴民:《何休评传》,南京,南京大学出版社1998年版。

[39] 蒋庆:《公羊学引论》,沈阳,辽宁教育出版社1995年版。

[40] 马育良:《汉初三儒研究》,合肥,黄山书社

1996年版。

[41] 李维武:《王充与中国文化》,贵阳,贵州人民出版社2000年版。

[42] 汪高鑫:《中国史学思想通史·秦汉卷》,合肥,黄山书社2002年版。